August Schricker

Zur Geschichte der Universität Straßburg

Festschrift zur Eröffnung der Universität Straßburg am 1. Mai 1872

August Schricker

Zur Geschichte der Universität Straßburg
Festschrift zur Eröffnung der Universität Straßburg am 1. Mai 1872

ISBN/EAN: 9783743612860

Hergestellt in Europa, USA, Kanada, Australien, Japan

Cover: Foto ©ninafisch / pixelio.de

August Schricker

Zur Geschichte der Universität Straßburg

ZUR GESCHICHTE

DER

UNIVERSITÆT STRASSBURG

FESTSCHRIFT

ZUR ERŒFFNUNG

DER UNIVERSITÆT STRASSBURG

am 1. Mai 1872

von

Dr. August Schricker

Senats-Secretär.

STRASSBURG

C. F. Schmidt's Universitäts - Buchhandlung

FRIEDRICH BULL

·1872.

ZUR GESCHICHTE

DER

UNIVERSITÆT STRASSBURG.

———∿∿∿———

ANFÆNGE DER HOHEN SCHULE.

Die Universität Strassburg, wie sie von 1567 bis zur Revolution bestand, ist aus den Bewegungen des Humanismus, als eine seiner schönsten und fruchtbarsten Schöpfungen hervorgegangen. In jener werde- und reiselustigen Zeit, beim Uebergange vom fünfzehnten zum sechzehnten Jahrhundert, zog ein reiches, mächtiges, freies Gemeinwesen von überall her die Gelehrten an, die in die Stadt eingetreten, ausgezeichnete Magistratspersonen, und eine strebsame Bürgerschaft fanden.

1

In dem nahen Schlettstadt lehrte Jacob Wimpheling, der im zweiten Jahr des neuen Jahrhunderts der Stadt Strassburg seine patriotische Schrift *Cis Rhenum Germania*[1] widmet. In lebendigen Farben schildert er das Elend der Unwissenheit und die Vortheile des Unterrichteten. Die Jünglinge würden — meint er — «die «alleredelst Sprach lernen, domit sie die frömbden Botschafter, «Bischöf, Cardinäl, und wo nott würd sin, den papst selbs ans-«sprechen und mit im reden möchten, und die lateinischen Bücher, «in welchen Wissheit, Gerechtigkeit, Lieb zu Gottesdiensten sei, «lesen können.»

Er schlägt den Strassburgern vor, ein Gymnasium zu errichten, das der Stadt nichts kosten solle; nur das Haus solle von den Lasten eximirt sein, und als sein Ziel bezeichnet er die allseitige Bildung. Er will die Jünglinge fähig machen in den geistlichen Stand einzutreten, oder in den weltlichen Berufen Dienste zu leisten[2].

Das letztere war vor allem nöthig. Bis dahin ging der Unterricht zwar von der Kirche aus, aber er führte auch fast ausschliesslich in ihren Dienst zurck.

Strassburg besass viele Schülen, die indess den erhöhten Bedürfnissen der Zeit nicht mehr genügten. Man beschränkte sich auf die Elemente des Lateinischen, den Chorgesang, und die Recitation von Gebeten. Die reiferen Schüler wurden in die Methode der Scholastik eingeführt, welche den Geist beschäftigt, ohne seinen Gesichtskreis zu erweitern. Ausserdem gab es im Kloster der Franziskaner eine Fachschule für kirchliche Baukunst[3].

---

1 *Cis Rhenum Germania*, gedruckt Strassburg, 1501; wiederherausgegeben v. Moscherosch, übersetzt v. demselben. Strasb., 1648.

2 «Ut sic in patria apud parentes, modico sumptu, brevi sed utili institutione apti redde-rentur ad universalia studia ad Romanam forsitan urbem, ad statum ecclesiasticum, ad officium tabellionum et scribarum, ad externas pro mercatura peregrinationes, ad Cardinalium familiaritatem immo ad consilia tandem in senatu praestanda.» Wimpheling, a. a. O.

3 Wimpheling, a. a. O.

Der Senat belohnte den Uebersender der Schrift mit zwölf Goldgulden [1], aber sei es, dass die Kirchen- und Klosterschulen die
ihnen drohende Gefahr erkannten, und abzuwenden wussten [2], sei
es, dass der Magistrat nicht die Mittel zu einer höhern Schule zu
besitzen glaubte, oder nicht besass : der Zuruf Wimphelings blieb
ohne Wirkung.

Mit der Wiederherstellung der Wissenschaften hatte sich eine
der grössten Revolutionen auf dem Gebiete des Geistes vollzogen.
Allenthalben gründeten sich, von Italien ausgehend, gelehrte Academien und Gesellschaften.

Wenn Erasmus von Basel herkommend, der Strasse längs des
Rheines folgte, dann traf er in Schlettstadt und Strassburg freund-
liche Aufnahme und in beiden Städten Kreise gelehrter Männer,
deren häufigen Zusammenkünften er beizuwohnen pflegte [3].

Wimpheling nennt uns die Glieder jenes Kreises [4], in dem wir
auch dem nachmaligen Stettmeister Jakob Sturm von Sturmeck
begegnen, und eines der Mitglieder der Gesellschaft bezeichnet
uns den Humanisten von Schlettstadt selbst als den Gründer
derselben [5].

Diese Männer waren es, die den durchgreifenden Erfolg der
Reformation in der Stadt vorbereiteten, und jenen Wissensdrang

---

[1] A. G. Strobel, *Histoire du Gymnase protestant de Strasbourg*. Strasb., 1838, p. 3.

[2] Wimpheling selbst verwahrt sich ausdrücklich dagegen, dass er mit seinem Vorschlag
den «ecclesiarum et cœnobiorum scholis» einen Schaden zufügen wolle, zwischen den Zeilen
aber liest man die Verurtheilung des bisherigen Systems.

[3] Die Kenntniss der Gesellschaft verdanken wir vor allem den Briefen des Erasmus; er er-
wähnt u. a. in einem Briefe an Wimpheling «celebres eruditissimorum hominum cœtus».
Unsere Notizen über diese Gesellschaft entnehmen wir dem *Mémoire sur la société littéraire
libre*, etc., par C. Koch. Handschriftlich in der Bibl. Heitz, Nr. 3551.

[4] Sebastianus Brantus, Jacobus Sturmius, Matthias Schurer, Gelehrter und Buchdrucker,
Hieronymus Gebwilerus, u. A.

[5] Kierherus spricht in einem Brief an Schurer anno 1518 von einer «Sodalitas literaria
urbis Argentinensis, cujus ipse Jacobus (sc. Wimpheling) fundamenta jecit.»

erregten und nährten, der später in der Gründung von Schulen zur That wurde.

Zudem war ja gerade in Strassburg das kräftigste Werkzeug für die Förderung der neuen Tendenzen rasch in Aufnahme gekommen, und fand in den Werkstätten der Nachfolger Gutenbergs, bei Meister Heilmann, Mentelin und Eggestein, ausgedehnten Gebrauch und stete Vervollkommnung.

Die Reformation fachte, wie überall, so auch hier die Lernbegierde an, und anderseits erkannten die Führer der Bewegung die ungemeine Bedeutung des Unterrichts, vor allem in den Sprachen, für den Fortgang ihres Werkes.

Man verbesserte die Schulen, man gründete neue, und seit dem Jahre 1528 bestanden drei höhere Schulen, die von Alt St-Peter, wo man Griechisch, Lateinisch, Musik und Religion lehrte, die im Convent der Carmeliten, und die im Kloster der Dominicaner, von etwas höherem Rang als die beiden andern, denn hier gab man öffentliche Lectionen in Lateinisch, Griechisch, Hebräisch, und unterrichtete in verschiedenen Zweigen der Theologie [1].

Drei aus den höheren Magistratspersonen gewählte *Scholarchen* führten die Aufsicht.

Jacob Sturm und Bucer hatten zudem am Beginn der dreissiger Jahren eine höhere theologische Schule gegründet, für welche man die Anhänger der neuen Lehre auch anderwärts zu interessiren wusste. Viele Städte Süddeutschlands steuerten einen Theil der Kosten bei; ein reicher Bürger aus Isny, Peter Bouffler, gründete allein sechs Freistellen. Martin Bucer, Wolfgang Capito, Caspar Hedio, arbeiteten an dieser Schule.

In den andern Schulen war es unterdessen nicht ganz nach Wunsch gegangen. Sie ermangelten eines gemeinsamen Bandes, eines Planes, einer starken Leitung, die Scholarchen konnten die

---

[1] Strobel, *Histoire du Gymnase*, p. 4.

Uebelstände nicht heben, und auf einer Synode von 1533 hörte man starke Klagen.

Da fassten die Lehrer an der theologischen Schule den Plan, die Schulen der Stadt in eine einzige zu vereinigen, die drei Scholarchen, Jacob Sturm von Sturmeck, Nicolaus Kniebs und Jacob Meier, stimmten bei, und seit dem Jahr 1536 ist die Gründung eines Gymnasiums formell beschlossen.

Am 14. Januar desselben Jahres traf auch der Rector der künftigen Schule, Johannes Sturm, von Paris kommend in Strassburg ein.

Es ist selten in der Geschichte, dass die Kraft der Initiative, die Macht zur Durchführung der Idee, sich mit dem Genie der methodischen Ausgestaltung vereinigt. Glücklich, wenn sich in einer grossen Zeit zwei Männer finden, von denen der eine Achtung gebietend die Fundamente des Baues legt, und über seine Ausführung die schützende Hand hält, indess der andere in ebenbürtigem Verständniss und rastloser Arbeit ihn seiner Vollendung entgegenführt!

In diesem Verhältnisse standen der Stettmeister Strassburg's, Jacob Sturm von Sturmeck, und der gelehrte Johannes Sturm; der Staatsmann und der Schulmann, jeder in seiner Art, der Erste der Stadt.

Der Stettmeister, im heimischen Gemeinwesen aufgewachsen, von grosser Geltung schon als Jüngling, — Erasmus nennt ihn den Unvergleichlichen, — klar und auf sich beruhend, kräftig und wohlwollend, heute in diplomatischen Geschäften, morgen in einer Conferenz über die Abtheilung des Lehrstoffes, — dieser von Jugend auf draussen in der Welt, in Lüttich, Löwen und Paris, weltmännisch, aber nicht ohne manche Unsicherheit der Gelehrtennatur, voll von idealen Plänen, und fähig, bis ins Einzelne die Wege zu ihrer Verwircklichung zu zeigen, — beide voll Abneigung gegen die scholastische Methode, voll Liebe für die Alten, voll Begeisterung für das Studium der Bibel und die Reformation [1].

Der spätere Bischof von Strassburg, der mildgesinnte Erasmus Schenk von Limburg, hatte Sturm bei seinem Aufenthalte in Paris kennen gelernt, und ihn an Jacob Sturm und Bucer empfohlen. Bucer schrieb ihm, und dieser, dessen Lage eben damals der Glaubenssachen wegen, eine bedenkliche geworden war [2], nahm die Einladung mit Freuden an.

Das Jahr nach der Ankunft Johann Sturms verging in Berathungen über den Schulplan. Im Februar 1538 überreichte der Rector die Vorschläge die aus diesen Besprechungen hervorgegangen waren, den Scholarchen; wir lernen sie kennen aus der Schrift, *De litterarum ludis recte aperiendis* [3].

Als sein Ziel bezeichnet Sturm die Gründlichkeit des Unterrichtes in den Sprachen, und die Tüchtigkeit der sittlichen Erziehung [4]. Er glaubt, dass die Wissenschaft nichts nütze ohne die Tugend [5].

Am 7. März gab der Rath der Stadt seinen Scholarchen die Ermächtigung auf den proponirten Grundlagen die Schule einzurichten [6].

Der Ort, in dem die ernsten Spiele eröffnet werden sollten, war schon gefunden; die letzten fünf Dominicaner hatten im Jahr 1531

---

[1] Monographien : E. Lehr, *Mélanges de littérature et d'histoire alsatiques*. Strasb., 1870. *Ueber Jacob Sturm von Sturmeck*. — Charles Schmidt, *La vie et les travaux de Jean Sturm*. Strasb., 1855. — Kückelhahn, *Strassburg's erster Schulrector*. Leipzig, 1872.

[2] Strobel, *Eclaircissements : Hist. du Gymn.*, n° 1.

[3] *Opuscula scholastica Sturmii*, ed. Hallbauer. Jena, 1730, p. 83 ff.

[4] Propositum a nobis est sapientem atque eloquentem pietatem, finem esse studiorum. A. a. O., p. 104.

[5] Non multum igitur cognitio et scientia civitatibus adfert, nisi eodem exercitatio et virtutis disciplina accedat. De lit. lud. r. ap., a. a. O., p. 85.

[6] A. a. O., p. 83.

ihr Kloster verlassen, und ihre Gebäude und Einkünfte für ein Leprosenhaus bestimmt. Als die Krankheit aufhörte, bestimmte der Magistrat für die hohe Schule diese Gebäude, welche später, als die Schule von St-Wilhelm hieher verlegt wurde, den Namen *Collegium zu St-Wilhelm* erhielten [1].

Am 22. März 1538 wurde die Schule eröffnet [2].

Von dieser Zeit an bildete der Kern der Professoren das Capitel von St-Thomas, die Professoren waren Canoniker, und ihre Einkünfte bestanden aus den ehemaligen Pfründen. Der Character der Schule und ihrer Einrichtungen war dadurch als ein kirchlich-confessioneller bestimmt. Die Professoren, welche Mitglieder des Capitels werden wollten, hatten bis zur Revolution das *Examen canonicum* zu bestehen, in dem sich alle Fragen auf die Lehren und Einrichtungen der Kirche augsburgischer Confession bezogen [3].

Die neue Schule bestand aus zwei Abtheilungen; in der untern, in der die Schüler im regelmässigen Verlauf der Dinge zehn Jahre sassen, behandelte man die Grammatik, Rhetorik, und Dialectik; in der obern, welche eigentlich die frühere theologische Schule Bucers war, wurde in vier Jahren Griechisch, Hebräisch, Logik, Ethik, Mathematik, Physik, Geschichte, Jurisprudenz, Theologie und Musik gelehrt.

Ein besonderes Gewicht war auf die vollständige Beherrschung der lateinischen Sprache gelegt. Johannes Sturm verfolgte die schlechten Schulbücher und Lexika, die bis dahin in Gebrauch gewesen

---

[1] *Notice sur les fondations administrées par le Séminaire protestant de Strasbourg.* Strasb., 1854.

[2] *Notices statistiques, historiques et littéraires sur la ville de Strasbourg,* par J. F. Hermann. Strasb., 1819, t. II. p. 286.

[3] *Notices sur les Fondations.* Eine der Fragen war z. B. ob man die Kirche von Strasburg für die wahre Kirche Jesu Christi erkenne, und das Augsburgische Bekenntniss als die Summe der christlichen Lehre.

waren, schrieb selbst die nothwendigen Compendien, die Schüler mussten ein Diarium anlegen, in dem die classischen Wendungen, ein Repertorium, in dem die *Loci communes* notirt wurden; es gab öffentliche Disputationen, lateinische Gesänge, und dramatische Aufführungen.

Die obersten zwei Klassen, sammt den öffentlichen Vorlesungen der Professoren, in denen « die Jugend gleich mit auch in den «übrigen freien Künsten, als der Ethik, Physik, Mathematik ire «fundament recht legt, und zu den obersten facultäten, als der «Theologie, Juristerei, Medicin preparirt und abgerichtet wird,» waren für Sturm «der beste und fürnempste Teil dieser «Schulen.»

Nun aber wollten die Schüler, wenn sie an die obere Abtheilung kamen, nicht mehr in Strassburg bleiben, und baten «die Eltern «und Verwandten, dass man sie nun auch auf andere fremde Orte «auf die Universitäten verschike.» Die Stadtkinder «wollen nicht so «lang an einem orth in der zucht und unter der rutten gehalten «werden,» auch hören sie, dass, «wen sie schon lang hie bleiben, «und hoch kommen, so seien sie doch nicht so gut als uff den «Universitäten die Studenten, sondern werden gezwungen, da «sie an solche ort verschikt werden, sich wie Bachanten und «Schützen allererst deponiren zu lassen.»

Die fremden Knaben, die jung hieher kamen, hielten es wie die Strassburger; die andern, die von ihren Eltern der bessern Disciplin wegen von andern Universitäten her nach Strassburg geschickt wurden, «wollten nun aus Studenten nicht mehr «Schützen werden, obwohl sie sehr selten recht publici waren.»

Die Folge war, dass in den obersten Klassen nur wenig Schüler sassen; es kam vor, dass «in der ersten Klasse nicht mehr als «neun Knaben» sich befanden, «die progredirt und publice geworden «sind, da sie billig in solchen progressionibus, sechtzig, siebentzig, «und drüber von sich geben und publicos machen sollte.»

Die Disputationen und Deklamationen, «an denen so merklich «viel gelegen,» litten aus Mangel an Knaben Noth, auch die Disciplin fuhr nach dem Zeugnisse Sturms übel, da diejenigen, die, wahrscheinlich oft sehr jung, von aussen herkamen, sogleich Studenten sein wollten, bei den Bürgern wohnten, und draussen verdarben.

Der Fehler, sagt Sturm in seiner Denkschrift[1] von 1566, der auch die vorstehende Schilderung der Uebelstände entnommen ist, liegt darinnen «dass die Schul nicht, wie uff Universitäten, «die gerechtigkeit hatt, wie mans nennt, Studenten, Baccalaureos «und Magistros zu machen, und solche gradus allererst uff andern «hochen Schulen erholen und zuweg bringen» müssen.

Der Rector macht den Vorschlag, die untersten acht Klassen abzutrennen ; von der zehnten bis zur dritten soll «sein und heissen «die gemein Particularschul,» und die Knaben dieser Schule sollen *Schüler* genannt werden ; jährlich zu Ostern sollte öffentliche Progression sein, und diejenigen, welche aus der dritten Klasse in die andern aufsteigen, und die Dialectik zu lernen anfangen, sollen, wie auf andern Universitäten, «deponirt und Studenten» sein. Diejenigen «welche zwei Jahr in beiden Klassen verharret haben, «und zu der Grammatik auch die Præcepta dialectica und Rhetorica «ergriffen, tüchtig und geschickt waren zu disputiren, sollen mit «dem Grade baccalaureatus als ein sonder Gab und Geschenk ver-«ehrt werden.» Die Candidaten zur Magisterwürde aber sollten die Lectionen in den freien Künsten besuchen, sich bei Disputationen und Deklamationen geschickt erweisen, und den andern

[1] Supplication und ansuchen sampt aussführlichem Bericht des Herrn Rectors, der Visitatoren und Professoren der Schuolen um auffbringung kaiserlicher Freiheit allhie Studenten, Baccalaureos nnd Magistros zu machen. Dem Magistrat vorgetragen am 6. Mai 1566. Handschriftlich im Archiv zu St-Thomä. Unterschrieben Johann Sturm, Rector; Johann Marbach, Cunradus Dasypodius, Visitator; Leonardus Hentschus, Melchior Speccerus.

Schülern mit gutem Beispiel vorangehen, besonders auch «mit der «Kleidung, die erlich und nit zerlumppet sein» soll.

Die Unterschrift Sturm's unter dieser *Supplicatio* ist das Ergebniss eines Compromisses; Sturm wollte längst die Umwandlung der hohen Schule in eine vollständige Universität mit vier Facultäten [1]. Trotz der Unterstützung des angesehenen Juristen Bernard Botzheim, schlug diese Meinung nicht durch; der Magistrat beschränkte seine Wünsche auf eine Academie, d. h. auf die regelmässige Errichtung einer philosophischen Facultät mit den dieser zukommenden Rechten.

In dem Aktenstücke vom 6. März muss sich Sturm sogar herbeilassen, mit den andern Bittstellern ausdrücklich zu versichern, dass man dieses «ansuchen und untertenig bitten umb gemelte «Gerechtigkeit *nit* dahin verstehen» solle, «als begerten wir ein «rechte und vollkommene Hochschule in den obersten Facultäten «auszurichten, dass wir Macht haben sollen, Doktores der Heiligen «Schrift, der weltlichen Rechten und der Arzenei zu machen.»

Später scherzte der Rector der Schule über diese Bescheidenheit, durch welche der Magistrat, zufrieden mit der Philosophie, ihn übertroffen habe [2].

---

[1] In der *Sententia de disciplina scholastica* von 1566 deutet Sturm auf den Plan hin, den Jacob Sturm, «seliger und löblicher gedechtnuss», gehabt hat, dass «eine *vollkommene Aka-*«*demia* mit gemeinen Kosten aller Protestirenden angerichtet werden möge, in welche aus «allen Nationen, ja auch aus den Bäpstischen, gelerte, hochverständige und fürtreffliche «menner, die alle völcker mit Lehr und Geschicklichkeit übertreffen, deren ansehen und auto-«ritett niemand kondte oder möchte verachten und deren ein jeder in seiner Kunst und Pro-«fession vollkommen, zusammen berueffet werde.»

[2] Etiam in hoc genere ingenium nostræ civitatis sequimur, cujus ἦθος vides in medio-critate positum, et quod ex vestitu et victu, in vita et sermonibus civium, per hosce dies triginta animadvertisti.... Magistros philosophiæ producere in publicum est satis, ne plus sapere quam cæteræ academiæ videamur.... Magistratus non modestia superat, contentus philosophiæ artibus. Sturm an Celestinus, am 30. October 1578. C. Schmidt, *Jean Sturm*, p. 147.

Auf dem Augsburger Reichstage von 1566 sollte die bescheidene Bitte gestellt werden. Im April hatte die Stadt ihr Eigenthum und ihren politischen Einfluss durch die Erwerbung der Herrschaft Barr vermehrt [1], im Mai kam die Sache auf dem Reichstage zur Behandlung, welche für die wissenschaftliche Bedeutung der Stadt von grösster Wichtigkeit war. Der Magistrat schickte ein Empfehlungsschreiben an den Reichstag, Sturm legte seine Academie dem kaiserlichen Vicekanzler Ulrich Zasius ans Herz, die Stadt fügte für ihn ein Geschenk, und für den kaiserlichen Rath Weber eine Anzahl neuer Gulden hinzu, und am 1. Juni setzte der Kaiser Maximilian II seinen Namen unter das Privilegium, das die Forderungen der Strassburger gewährte.

Das Kanzleramt verlangte eine Taxe von 1000, und ein Geschenk von 50 Gulden. Doctor Grempp von Freudenstein, der Vertreter der Stadt, handelte herunter, und am Ende begnügte man sich mit 500 Gulden, und 10 Gulden Gratification.

Die Scholarchen, denen man gesagt hatte, dass es im Ganzen 30 Thaler kosten würde, waren sehr unangenehm überrascht. Sie machten Sturm und Marbach Vorwürfe. Diese baten, man möge zahlen, um die Ehre Strassburgs und die Zukunft der Academie nicht zu gefährden. Die Scholarchen bewilligten das Geld, unter dem Vorbehalt, es aus den Promotionstaxen wieder einzubringen.

Noch eine Schwierigkeit gab es; die Professoren, welche die Grade noch nicht hatten, sollten nachträglich ein Examen bestehen. Das widersprach ihrer Ehre. Sturm legte die Privilegien dahin aus, dass, wenn die Anstalt zur Academie erhoben sei, die Professoren von selbst zu den nöthigen Graden befördert seien. Diese Meinung erhielt die Oberhand. Nun gab es neue Schwierigkeiten. Der Professor der Ethik, Ernestus Rhegius, sollte zum Dekan ernannt werden, und bei der feierlichen Eröffnung der Schule seine

- Collegen graduiren. Das wollten sie nicht, war er doch selbst nicht mehr als Licentiat. Sie wollten nur durch Sturm, und ohne öffentliche Ceremonie promovirt werden. Man traf den Ausweg, die Functionen des Dekans an den Professor der Geschichte Michael Beuther zu übertragen, und seine Collegen willigten ein, sich nach der Eröffnungsfeier die Grade geben zu lassen. Diese selbst fand statt am 1. Mai 1567.

Nachdem das Fest durch den Secretär des kleinen Raths und den neuen Kanzler der Academie, den Stettmeister Heinrich von Mülnheim, eröffnet war, hielt Sturm eine Rede, in welcher er die Verdienste der Professoren und Lehrer pries, denen man die Grade ertheilte. Die Promotion vollzog sich mit grosser Feierlichkeit. Das Ganze war geendigt durch ein lateinisches Gedicht, das ein Schüler vortrug, in welchem der Kaiser, der Magistrat, die Scholarchen, der Rector und die Professoren verherrlicht wurden[1].

DIE ACADEMIE.

Als das Privilegium zur Errichtung einer Academie erworben war, wurden von den Scholarchen Gutachten über die Einrichtung der neuen Schule eingefordert. Einige der Professoren gaben ihre Meinung in längeren Denkschriften, einige in kurzen Sätzen ab, einer antwortet lakonisch, es sei unnöthig, dass er ein Gutachten abgebe, da die Herren Sturm und Johannes Marbach die Sache in Händen hätten.

[1] Ch. Schmidt, *Jean Sturm*, p. 149.

Das Memorandum Sturms ist uns erhalten[1]. Er legte in demselben seine Ansicht über die einzelnen Schulämter, und die Aufgabe jedes einzelnen Professors dar[2]. Weiter ausgeführt sind seine Gedanken in den *Academischen Briefen* von 1569[3].

Das Neue und Geniale seiner Vorschläge scheint darinnen zu liegen, dass er an Stelle der Polyhistorie, die an den höheren Schulen üblich war, das Princip der wissenschaftlichen Arbeitstheilung zur Geltung bringt. Die Lehrer sollten vermehrt, und jedem derselben ein ganz bestimmtes Fach zugewiesen werden. Er schlägt vor, dass die «Obrigkeit den Professoribus, beyde publicis und classicis, befehle, dass sie alle ein jeder nach seinem ingenio und «Natur, auch ein jeder nach sejnem vitæ instituto Platonem, «Aristotelem ganz zugleich auch Demosthenem und Cicero- «nem mit ettlichen Poeten, auch griechischen und lateinischen «Historien, in einem Jahr daheim privatim durchlese,» wiederhole, um im dritten Jahre völlig die Aufgabe zu beherrschen.

Auch in der heiligen Schrift und Theologie soll es so gehalten werden, « also dass die Bibel, der Bibel-Usleger, die griechischen «und lateinischen Vätter... und dergleichen, under unsere Theolo- «gos, Pfarrherrn, und Helffer, auch under die gelertisten Stipendia- «ten ussgeteilet werden.»

Von Zeit zu Zeit sollten Conferenzen stattfinden, zur Erör-

---

[1] Handschriftlich im Archiv von St-Thomä.

[2] Z. B. : «Es soll aber der Rector ein solcher man sein, der mit usswendiger fürtrefflicher «Iher und erfahrung der Sprachen, auch mit ernst und gravitet doch mit freundlichkeit nicht «allein bei den Schülern, sondern auch bei den professoribus seine autoritet künne erhalten, «und der nicht zugebe das einige barbaries durch böse gewonheilt und unduchtige Bücher in «die schul einreisse, das nicht Aristoteles, Plato, Cicero, Demosthenes als die rechten ursprung «und brunnen der Philosophen und wohlredenheit in die winkel geworffen und dagegen die «newen gestimpelten und zusammengeraspelten Epitomlel und newe scriptores herfurgezogen «werden.»

[3] Ballbauer, a. a. O., p. 251.

terung pädagogischer Fragen allgemeinen Inhalts, zur Lösung von
Zweifeln die während des Studiums aufgetaucht waren; in ihnen
sollte sich der ganze Lehrkörper als Eines fühlen.

Weil es aber unmöglich sei, dass ein jeder einen Theil der Philosophie zu Ende bringe, so wünscht der Rector, dass jede Wissenschaft «zwei explicatores oder usleger» habe.

«Derhalben,» — wir theilen diese Stelle mit, weil sie einen Ein-
blick in den Bestand der Academie und ihren Lehrplan gewährt,
— «sollen zwei artium organi et Dialecticorum præceptorum,
«zween Rhetoricæ, zween Ethicæ, zween der Rechten und uffs aller
«wenigst zween Theologiæ interpretes sein.

«Sie wären und sind fast alle vorhanden, allein an zweien würde
«uns noch mangeln.

«Dann in der heiligen Schrift haben wir Dr. Marbach, Herr Mel-
«chior Speccer und Eliam Kiber.

«In Rechten haben wir Dr. Laurentium Tuppium und Dr. Mi-
«chaelem Beuterum.

«In Ethicis haben wir Licentiat Ernestum Regium, dem musste
«noch einer zugeordnet werden.

«In Rhetoricis hab ich Erythreum zum Mitgesellen.

«In Mathematicis haben wir Dasypodium und Johann Braun.

«In Dialecticis haben wir allein Leonhardum Hertel, dem könnte
«man Herrn Melchior Speccer oder uss den obersten classibus einen
«zugeben, und dagegen die classicos uffsteigen, und in die underst
«einen Stipendiaten anstat ordnen.»

Dem Unterricht in den freien Künsten, und der Vorbereitung zu
den obersten Facultäten wurde — wie wir zum bessern Verständniss bemerken — mit Ausnahme der Jurisprudenz und der Theologie, die Lectüre griechischer und römischer Klassiker zu Grunde
gelegt. In der Stunde für Physik erklärte man z. B. Aristotelis physi-
sica, in der für Mathematik, Euclid, in der für Medicin, Hippocra-

tes, Galen, der juristische Unterricht umfasste die Erklärung der Institutionen und Pandecten, die Theologen lasen biblische Bücher. Die Vorschläge des Rectors wurden im Ganzen und Grossen angenommen. Ein Jahr nach der Inaugurationsfeier erschien das Statutenbuch der Academie. Zweimal im Jahre sollte es öffentlich vorgelesen werden. Es enthält die Constitution der Anstalt, die Gesetze für die Studirenden, und die genauesten Instructionen für jeden einzelnen der Professoren und Beamten.

Der Zusammenhang mit dem Gymnasium wurde, im Gegensatz zu der Ansicht Sturm's, aufrecht erhalten. Dieser hatte in der Denkschrift von 1566 vorgeschlagen, die untersten acht Klassen als «die gemein Particularschul» abzutrennen; wir fühlen es durch, welche Einflüsse sich gegen diesen sachgemässen Vorschlag geltend gemacht haben werden, wenn wir im Statutenbuch hören : «Und erstlich so setzen, ordnen und wollen wir, dass hin-«füro das ganze Corpus unserer Universität und Schulen sein und «genannt werden sollen, alle Publici Professores und Classici «præceptores, von dem Obersten bis auff den Untersten, und keiner «davon excludirt und ausgeschlossen sein solle.»

Drei Schulherren war wie bisher die hohe Schule befohlen, einer aus den alten Stettmeistern, einer aus den alten Ammeistern und einer aus dem stehenden Regiment genommen. Der vom Adel sollte «der Universität Cancellarius sein und bleiben, und das «grössere Sigillum Academiæ hinter ihm behalten und verwah-«ren.» Der Conventus scholasticus aber sollte die innern und äussern Angelegenheiten der Universität wahrnehmen. Alle Monat fand ein Convent statt. Ausser den Rectoren, dem Dekan, den Visitatoren und Professoren, sassen im Convente die Scholarchen, und zwei von den Dreizehnern und Einundzwanzigern. Wer zu spät kam oder ausblieb, wurde mit 6 Pfennigen oder einem Schilling Pfennig gebüsst.

Für die Einschreibung in die Matrikel wurde eine nach Stand und Rang verschiedene Taxe erhoben. «Ein Fürst soll geben «2 Kronen. Ein Graf oder ein geborner Herr soll geben 1 Krone. «Einer vom Adell oder Geschlechter, 10 Batzen. Die Uebrigen alle «sie seyen publici oder classici, bis ad quartam classem inclusive, «5 Batzen. Die andern in quinta classe, usque ad ultimam, jeder «1 Batzen.»

Das Lehrjahr lief von Juni bis Mai; im October sind die Weinleseferien (*Feriæ vindemiales*); im April fanden die Progressionen, d. h. die Deposition und die Verleihung der Grade, statt.

Das Privilegium der Academie, Baccalaureaten und Magister der Philosophie und freien Künste zu ernennen, wurde häufig in Anspruch genommen.

Im Jahr 1578 wurden 11 Studenten mit dem Lorbeer, 15 mit dem Hute des Magisters geschmückt.

Ein Bild aus jener Zeit [1] stellt eine Burg vor, die *Arx Palladis* genannt; drei Thürme: Theologia, Jurisprudentia, Medicina, sind umgeben von zwei Wällen, deren innerer die Würde des Magisters, deren äusserer den Baccalaureat bedeutet. Drei Stufen führen auf die Zinne des äussern Walls: Grammatica, Dialectica, Rhetorica, dann winkt der Lorbeerkranz; zwei Stufen: Physica und Mathesis, führen zu dem inneren Wall hinüber, in dessen Mitte die Pallas mit wallender Fahne dem Nahenden ein Gloria entgegenruft. Vor der Burg sind Zelte aufgeschlagen, in denen sich die Jugend umhertreibt; diese Zelte sind genannt: «Ignorantia, Metus, Stupor, Ignavia, Voluptas, Timiditas und «Arrogantia.» — In zierlichen Epigrammatis, welche auf dieses Bild Bezug nehmen, werden die Laureaten ob des Sieges über ihre Feinde beglückwünscht.

---

[1] Vorgedruckt in *Actus tres Academiæ Reip. Argent. Arg.*, Wyriot, 1578.

Der Akt selbst vollzog sich feierlicher Weise. Zur siebenten Stunde des Morgens wurde die Eröffnungsrede gehalten, und dann von dem Kanzler der Universität dem Dekan durch den Notar das Recht der Promotion übertragen. Nun gab dieser den einzelnen Candidaten das Problema. Die Fragen verbreiteten sich über alle Gebiete des Wissens, und erforderten zu ihrer Beantwortung eine grosse Gewandtheit in der Beherrschung des Stoffes und der Sprache, und eine Summe von Citaten aus der alten und neuen Welt. Die einen dieser Probleme wollten nur Gelegenheit geben zur Entfaltung dialektischer Gewandtheit, andere verlangten positive Kenntnisse in den einschlägigen Wissenschaften.

So spricht zu dem ersten der Baccalaureats-Candidaten von 1587 der Dekan : « Tu ergo Vite Cummere Ambergensis breviter die mihi, « estne verum, quod dicitur : Boni Grammatici esse quædam « ignorare ?»

Vitus Cummer aus Amberg antwortete darauf, indem er einleitungsweise sich auf den « grössten Redner und Philosophen, « Marcus Tullius Cicero, » beruft und dann ausführt, dass ein guter Grammatiker allerdings einige Sachen nicht zu wissen brauche, zum Beispiel, was die Sirenen mit ihren Melodien sagen, warum Pisistratus mit den Ellenbogen und nicht mit der Hand von Telemachus aufgeweckt worden sei, welchen Namen Achill gehabt habe, als er unter den Mädchen weilte, ob mehr Menschen lebten, als gestorben seien.

Einem andern der Candidaten wird befohlen : «Tu breviter « ostende nobis, quomodo circulorum sit stellarum inquirenda dis-« positio.»

Die Sieger werden von ihren Freunden in Strassburg und auf andern Universitäten in stolzen Gedichten gefeiert ; Georg Calaminus preist in begeisterten Hexametern die Schule zu Strassburg, als die Ehre und das Heil der Stadt, die Zierde des Elsass und den

Smaragd Europas [1], und Nicodemus Frischlin schickt von Tübingen dem neuen Magister Gloccer eine seiner klassischen Oden. Die Promotionen von 1578, die uns als so glänzend geschildert werden, fanden Sturm als einen Gedrückten und Verbitterten. Jacob Sturm, der gute Geist des Strassburger Schulwesens, war leider seit dem Spätjahr 1553 nicht mehr. Die Theologen einer streng lutherischen Richtung gewannen allmälig die Oberhand in der Stadt Bucers, dessen alte Bildnisse mit den Worten geziert sind : « Wir sind christgläubig und nicht kirchgläubig. »

Im Jahre 1578 begannen Streitigkeiten über die Concordienformel, nachdem drei Jahre zuvor mit Mühe der lange Zwist mit Marbach, dem Vorsitzenden des Kirchenconvents, äusserlich beigelegt worden war. Sturm und Marbach handelten beide in gutem Glauben, aber es musste nach der Art jener Zeit eine unausfüllbare Kluft zwischen zwei Männern entstehen, von denen der eine aufrichtig religiös, aber ein Humanist, der andere ein Theologe war, von denen der eine die Abendmahlsworte im Sinne des Bekenntnisses der Städte Strassburg, Constanz, Memmingen und Lindau, der andere im Sinne der werdenden Concordienformel verstand. Zudem war es dem Rector der Academie unerträglich, dass der Kirchenconvent den Schulconvent, in dem auch die Mitglieder des erstern sassen, zu beherrschen suchte, und dass ihm die Theologen die Schüler aus den Ländern reformirten Bekenntnisses, der Schweiz, England, Schottland, verscheuchten.

Nun aber hatte sich zu Marbach in der Person des Johann Pappus, ein unreifer und hochmüthiger Vorkämpfer der eben

«Argentinæ honor et beatitudo :
«Alsatum decus : inclytæ smaragdus
«Europæ : vaga Teuthonumque fama
«Tectum nobilis hospitale Galli :
«Advolantis et alveus juventæ.»
(Actus trae, etc.)

vollendeten Concordienformel gesellt. Sturm schrieb gegen Pappus, der Streit griff um sich, der Rath, die Bürgerschaft wurden Partei; auf den Kanzeln wurde gegen den «Calvinisten» gepredigt, benachbarte Städte und Fürsten wurden betheiligt; der Magistrat gebot Schweigen, aber bald begann der Kampf von Neuem; auf beiden Seiten verlor man das Maas, der theologische Streit endete in gehässigen Persönlichkeiten.

Schon 1570 hatte Sturm um «Erlassung der Schulbeschwerden» gebeten; damals that der Rath Alles, um ihn zur Zurücknahme seines Gesuches zu bewegen; jetzt erhielt die Feindschaft der Einen, die Rücksichtnahme der Andern, den Sieg über die Pflicht der Dankbarkeit; zudem waren die Feinde anwesend, und Sturm weilte in seinem Asyl zu Neustadt.

Am 7. Dezember erschienen zwei Abgesandte in dem Schulconvent der Capitelstube, um im Namen «der Rath und der «Einundzwanzig» vorzubringen, «dass Sturmius von Inen seines «Rectorates entlassen und derwegen sie ein andern Rector Akade-«miæ erkiesen sollen.» Der Alt-Ammeister Held gab an, die Entlassung geschehe «wegen hohen Alters und anderer Ursachen.» Es war eine heisse Sitzung. Einige Juristen schilderten die Unrechtmässigkeit des Verfahrens; der Alt-Ammeister unterbricht den Redner und fragt ihn: «Ob er meine, dass unsere Herren «Kinder seien?» Ein Lehrer, Malleolus (Hämmerle), sagt, als die Umfrage an ihn kommt, die spitzen Worte: «Undankbarkeit sei «ein grosses Laster, — es wäre undankbar gegen seinen Präcep-«toren, so er einen andern erwöllet.»

Sturm wurde entsetzt, protestirte und strengte beim Hofgericht zu Speier einen Process gegen die Stadt an, der das Jahr 1589, sein Todesjahr, überdauerte.

Die Studirenden erkannten besser, als die Bürger von damals, was die Academie an ihrem Rector hatte. Richteten sie schon bei der ersten Gefahr im Jahr 1570 an den Rath eine Vorstellung, in der sie betonen, «dass ihre Herren Vettern, Herren, Eltern sie des «Herrn Sturm wegen hier liessen [1],» so ergriff der Graf Johann von Ostrorog bei seinem Abgang von der Academie am 9. März des Jahres nach der Entlassung Sturms die Gelegenheit, in Gegenwart derer, die an dem Urtheile mitgeholfen hatten, den Weltruf des Verbannten zu preisen [2].

In einer Lebensfrage der Academie erhielt der Verstorbene sehr bald Recht. Eine vollkommene Universität mit den vier Facultäten war sein Verlangen gewesen. Das Privilegium von 1566 hatte der Magistrat erbeten.

Allmälig zeigten sich die Folgen der Halbheit. Waren früher die Schüler von der dritten Klasse des Gymnasiums aus fortgegangen, um anderwärts Laureaten oder Magister zu werden, so verliessen die Studenten jetzt die Academie, um auf anderen Universitäten die Doctorwürde zu erwerben, so dass man «merklichen Ab-«gang des gemeinen Fisci oder Schulseckels spürte[3].» Hatte man früher die, welche von den oberen Klassen oder den öffentlichen Vorlesungen zu Strassburg kamen, für Schützen erklärt, und sie gezwungen, sich deponiren zu lassen, so hatten jetzt, besonders auf den eifersüchtigen benachbarten Hochschulen, die Strass-burger Baccalaurei und Magistri «vielfältige Nachreden und Ver-«kleinerungen» zu dulden. Man kam zur Erkenntniss «dass man «diese Strassburgische Schulen nunmehr, weder für ein rechte

---

[1] Gesuch vom 16. Januar 1570. Arch. v. St. Thomä.

[2] Hunc virum Gallia suspicit, hunc miratur Italia, hunc colit Anglia, hunc Scotia diligit, hunc Dania reveretur, hunc Ungaria observat, hunc Boëmia veneratur, hunc inquam tot inclyta regna, hunc denique Europa fere tota sibi amandum deposcit.... Interroga.... cujus huc se contulerint gratia. Sturmii, Sturmii inquam respondebunt omnes. Oratio Joh. com. ab Ostrorog, etc. recitata cum discessurus Argentina publice academiae.... valediceret. Strasb., 1581. Bei C. Schmidt, p. 217 ff.

[3] Bericht der Professoren vom 22. Febr. 1594. Arch. von St-Thomä.

«Akademiam, noch auch für ein rechte Trivialem Scholam oder «Particular erkennen möge,» und die Wurzel dieser Uebelstände sah man darin, dass «diese unsere Strassburgische Schule oder «Akademie nicht gleich anderen ergänzet in ordentliche collegia «oder facultates abgetheilet, und sonderlichen mit vollkommlichen «Privilegien Doctores und Licentiatos in den dreyen oberen facul- «teten, Theologia, Jurisprudentia und Medicina, zu promoviren «nicht begnädigt» sei [1].

Innerhalb des Rathes müssen zwar auch damals noch immer Bedenken genug gegen die Errichtung einer vollkommenen Universität obgewaltet haben.

Es ist wohl zu verstehen, dass die Gemeinde, die in langen, blutigen Kämpfen die Selbstständigkeit innerhalb ihrer Mauern, die Unabhängigkeit vom bischöflichen Nebenregiment errungen hatte, nicht eine hohe Schule gründen wollte, die «für sich «selber ein Corpus machen, eine eigene Regierung haben,» und von dem Gerichtsstande der Stadt eximirt sein würde. Aber es kamen auch Reden vor, die nicht von dem wohlberechtigten Stolze, im eigenen Hause der Herr zu sein, eingegeben waren. Der Bericht der Professoren hebt ausdrücklich, so dass man auf eine vorherige Einrede schliessen darf, hervor, dass auch die Theuerung an victualien nicht grösser werden könne, bei «einem «gottselig werk.» Suchte man so einerseits die Befürchtungen zu entkräften, so versäumt man anderseits nicht in's Licht zu stellen, «was für eine unsägliche Summe gelts von den Studiosis «hohes und niedrigen Standes järlichen allhie under gemeiner bur- «gerschaft gelassen wurdt.» Der Rath fasste einen raschen Entschluss. Diesmal stimmte er mit der Bitte der Professoren «schon «an nächster Reichsversammlung die neehst künftigen Quasimodo» «gegen Regensburg ausgeschrieben war,» die Sache vorzubringen,

[1] *Supplicatio* von 1566.

und die Supplik wurde auf dem Reichstage von 1594 wirklich
übergeben.

Kaiser Rudolph II gewährte nur theilweise. Die Professoren der
Rechte und der Medicin zu Strassburg sollten das Recht besitzen,
die unteren Grade zu verleihen, so dass die Academie nicht mehr
blos Laureaten und Magister der Philosophie und freien Künste,
sondern auch der Rechte und der Medicin hätte promoviren können.
Die Professoren der beiden Wissenschaften machten jedoch von
diesem Privilegium keinen Gebrauch um die Theologen nicht zu
beleidigen, welche der den Protestanten ungünstige Kaiser von
demselben ausgeschlossen hatte [1].

Hatten die Anstrengungen von 1594 nicht zum Ziel geführt, so
war man doch weit entfernt, die Sache, von welcher der Fortgang
der hohen Schule abhing, aufzugeben.

Im Herbst 1596 kam. Erzherzog Matthias von Freiburg her-
über um die Stadt anzusehen. Diese versäumte die Gelegenheit
nicht, ihm die ganze Anmuth ihrer berühmten Gastfreundschaft
zu zeigen, und den Bruder des Kaisers für sich zu gewinnen.
Im nächsten Frühjahr schreibt er denn auch nach Prag wegen
des Begehrens der Strassburger, die dem Kaiserhause treu ergeben
seien [2].

Im Januar desselben Jahres, als ein kaiserlicher Commissär hier
war, «um das Collegium, Classes und Auditoria zu besehen,» wird
auch ihm der Wunsch geäussert, «dass ein ganz corpus Academicum allhie möchte ahngerichtet werden [3].»

---

[1] *Description du Bas-Rhin*, 1871, p. 108.

[2] «Waz geneigten und gutten willen, die von Strassburg, als ich im nechstverwichnen
«Herbst, derselben Stadt gelegenheit zu sehen, ain Raiss von Freiburg aus hinüber gethan,
«mit allein im werkh mir erzeigt, sondern ich sie auch darundter gegen unser hochlöblich
«hausz nit übl affectionnirt vermerkt.» Interventionschreiben des Erzherzogs Matthias vom
Frühjahr 1592. Copie im Archiv zu St-Thomä.

[3] Conventsprotocoll v. 27. Januar 1597. Arch. von St-Thomä.

Später zeigte sich der Kaiser, nach den Berichten der Gesandten, geneigter auch den Theologen die Privilegien zu gewähren, «je-«doch dass die candidati in theologia (d. h. diejenigen Theo-«logen welche um die academischen Würden candidirten), auf den «Religionsfrieden schwören sollten.»

Ueber diesen Punkt scheinen hauptsächlich die Verhandlungen zwischen Strassburg und dem Hofe zu Prag fortgedauert zu haben. Die Professoren bemerkten der seltsamen Forderung gegenüber, dass es auf andern Universitäten von den Studenten der Theologie nicht verlangt werde auf den Religionsfrieden von 1555 zu schwören, da dieser «nur dazu da sei, dass kein (Reichs-) standt den andern «direkte oder an dessen Underthanen der Religion halben moles-«tire.» Auch würden, da der Promotion das Examen vorausgehe, andere als lutherische sich nicht promoviren lassen [1].

Auch unter dem Kaiser, der als Erzherzog für die Anliegen der Stadt eingetreten war, wurde das ersehnte Privilegium nicht erreicht. Die Zeit, in der die katholischen und protestantischen Stände die Waffen rüsteten zu jenem Kriege, aus dessen Elend sich unsere Nation erst heute wieder erhoben hat, in der die Union und die Liga einander entgegen standen, war schlecht geeignet zum Ausbau einer protestantischen Universität durch kaiserliches Privilegium.

Die Diplomatie Ferdinands II setzte, als der Kampf um die Krone des Winterkönigs bereits entbrannt war, alles daran, wichtigere Glieder der Union abzutrennen, oder doch zu lähmen. Im Jahre 1621 verhandelten die Abgesandten der Stadt mit Ferdinand II in Aschaffenburg durch die Vermittlung des Kurfürsten von Mainz, Johann Schweickhardt, und des Landgrafen

---

[1] Die Reformirten waren bekanntlich nicht in den Religionsfrieden von 1555 eingeschlossen, und konnten desshalb eventuell auf denselben verpflichtet werden, wenn man ihn anders auslegte, als die Strassburger Professoren.

Ludwig von Hessen. Im Recess der am 24. März unterzeichnet wurde, verpflichtet sich die Stadt den Kurfürsten Friedrich V von der Pfalz nicht weiter zu unterstützen und mit dem 14. Mai aus der Union zu scheiden [1]. Ausserdem hatte sie fünfzig Römermonate zu zahlen, die in Summa auf 50 bis 60,000 Gulden geschätzt waren. Der Kaiser versprach Aufrechthaltung der Rechte und Privilegien, Amnestie für das Vergangene, Schutz der Kaufleute, und keine Beschwerung durch Garnison oder Durchzug. Auf der Fürstenversammlung zu Heidelberg erklärten die Vertrauensmänner der Stadt, den Bedingungen nachzukommen, wenn der Kaiser die seinen erfülle und ausserdem der Stadt eine vollkommene Universität gewähre [2].

Das Privilegium war bereits am 5. Februar, während der Verhandlungen ausgefertigt worden. Die Taxe betrug diesmal wirklich 1000 Goldgulden, und pro juribus cancellariæ wurden 100 Gulden an die Hofkammer zu Mainz erlegt. Unterm 23. April erstattete der Magistrat seinen Dank.

Der Prätor Johann Friedrich von Botzheim lädt am 9. Juli, dem Geburtstage des Kaisers, zur Inauguration ein, welche am 14. August, Morgens um sieben Uhr, beginnen soll [3]; mit Anrufung Gottes spricht er über die Universität den Segenswunsch aus, dass nicht Weniger sondern immer Mehr aus der Schule zu Strassburg, wie aus dem trojanischen Pferd, hervorgehen möchten, von denen man sagen könne: «Sie dienen der gemeinen Wohlfahrt [4].»

---

[1] Aschaffenburger Vertrag bei Dumont. *Corps universel diplomatique*, t. V, p. 390.

[2] *Notices historiques, stat. et litt. sur la ville de Strasbourg*, par Hermann. Strasb., 1817, t. II, p. 287, 437.

[3] Die Ankündigung in der Bibl. Heitz. (D. H.)

[4] «Ut non pauciores, quam factum hactenus, sed plures e Lycæo Argentoratensi, equo veluti Trojano, prodeant : qui acroama illud cum studiant, tum promereantur, quo nullum erat apud veteres augustius: Dono publico cognati.»

Die Feier wurde zu einem allgemeinen Feste der Stadt und der Umgegend.

Am Sonntag vor dem 14. August wurden in allen sieben Pfarrkirchen Gottesdienst «zur Vorbereitung der Introduction der Uni-«versität gehalten, und darinnen das erste Capitel des Propheten «Daniel aussgelegt, auch vor und nach solcher Predigt stattliche «Musiken gehalten.»

Am Dienstag zog man in feierlichem Zuge, in welchem das alte und neue Scepter, die Privilegien und Sigille [1] getragen wurden, zur Kirche, wo die Publikation des Aktenstückes statt fand. Viele hundert Personen, «von Basel, Tübingen, Heidelberg, Speyer, und «andern Orten,» waren nach Strassburg gezogen dem Fest beizuwohnen. Am anderen Tag fand eine Promotion statt, und am Donnerstag, «auff dem hierzu im Collegio verordneten Theatro,» eine «schöne Tragico-Comœdia von Ausführung der Kinder Israel aus «Egypten, darbey sich mehr als zehntausend Zuseher befunden, «so dass auch das Volk auf dem grossen Plan und den aufgeschla-«genen Stacketen nicht sitzen können, sondern im Collegio oben «allenthalben die Dächer durchbrochen.»

«Zu Eingang der Comœdi hat sich, nachdem zuvorherr etliche «Trompeten thapffer erthönen lassen, auch Kesseltromlen dabei ge-«schlagen, erstlich der Rhein mit seinen drei Mägden, deren die «eine der Illstrom, die andere die Kintzig, die dritte die Preusch «gewesen, præsentiret, und den Zuschern angezeiget, dass diese «Comœdi, Gott, dem Römischen Kayser, Churfürsten von Mayntz, «und Landgraf Ludwigen zu Hessen-Darmbstatt zu Ehren gehalten «werde. Hernach ist bei dieser Action denselben Tag sehr lustig zu

---

[1] Wir geben die Abbildung der alten Siegel, die im Archiv von St-Thomä aufbewahrt worden sind, am Schluss. Das Siegel der Academie stammt aller Wahrscheinlichkeit nach von 1567; die Facultätssiegel sicher von 1621. Erklärung bedarf nur das der medicinischen Facultät. Ihr ist als Symbol die kreisende Zeit gegeben, welche bald von dem Baume der Vernunft, bald von dem der Erfahrung ihre Früchte pflückt.

«sehen gewesen, die Ertränckung der Israelitischen Kinder in
«Egypten, die starken Frondienst in Egypten, der brennende
«Busch, die Verwandlung des Stabs Mosis in eine Schlang,
«die Verwandlung des Wassers in Blut, die Frösch, die Läuss,
«die Finsterniss, der Hagel und Ungewitter, die Wolckenseul und
«feurige Seul, wie auch das rothe Meer, durch welches die Kinder
«Israel truckenen Fuss durchgegangen, Pharao aber und seine Zuge-
«hörigen, sampt Pferden und anderm verschluket worden.» Der
Freitag endete die Comödie und am folgenden Tag wurden in der
juristischen und medizinischen Facultät «etliche Doctores wie auch
«eine namhafte Anzahl Magistri» creirt [1].

So wussten unsere starknervigen und weniger beschäftigten
Vorfahren die Feierlichkeit und Freude des Festes durch eine
ganze Woche zu erstrecken, die wir in wenige Stunden zusam-
mendrängen.

* * *

Es erübrigt noch, einen Blick auf die inneren Verhältnisse der
Universität in der Zeit der allmäligen Gründung zu werfen.

Zum Rector wurde nach der Entlassung Sturms, Melchior Junius
gewählt.

Der Schulconvent wählte den Vorstand der Schule, der Magistrat hatte ihn zu bestätigen, und übertrug ihm sein Amt auf
unbestimmte Zeit.

Allmälig wurde ein halbjähriger Wechsel zwischen den Facultäten eingeführt. Nach einem Edict von 1613 ist die Wahl « un-
«der den dreyen faculteten, da die Medica und Philosophia zusam-
«mengezogen, circulariter vorzunehmen.» In einem Convent wel-

---

[1] Beschreibung im *Theatrum europæum*, I, p. 519.

cher *Resignatorius* genannt wurde, legten Rector und Dekan ihr
Amt nieder, und die neuen Würdenträger wurden gewählt; im *Conventus apertorius*, der ungefähr acht Tage später gehalten wurde,
traten die Erwählten und Bestätigten ihr Amt an. Starb einer der
Professoren oder wurde ein Lehrstuhl übernommen, so meldete
der Rector dies dem academischen Körper in einem Programm,
das den Lebenslauf enthielt.

Das Verhältniss des Convents zum Magistrat war nicht immer
ein erfreuliches. Der Berührungen waren so viele an verschiedenen
Punkten, dass nothwendig Reibungen entstehen mussten. Die
Klagen über gegenseitige Uebergriffe hören nicht auf; zu Ostern
1604 klagen die Scholarchen beim Rath über die Lehrerschaft, und
diese in unsanfter Weise über die beiden Ammeister, über die
Schuldiener des Raths, und den Schaffner, das heisst Rentmei-
ster, so dass Stettmeister Böckel meint, Rector und Lehrer
hätten den beiden Ammeistern « einen guten Osterfladen prä-
«parirt.»

Besonders bei den dramatischen Aufführungen trat die Schule
in die Oeffentlichkeit hervor. Heidnisches und Christliches in
naiver Mischung kam zum Vorschein. So wird 1583 eine Comödie
des Plautus'aufgeführt. Vor dem Beginne begrüssen die neun Musen
die Stadt, dann die Charitinnen jeden der drei Scholarchen, worauf
der ganze Chor einen Hymnus «ad Christum salvatorem» vor-
trägt[1].

Das Jubeljahr der Reformation gibt der Universität Anlass zu
einer grossen Feier mit Redeacten und Disputationen.

Die Zahl der Studirenden der Universität betrug ungefähr zweihundert, bald mehr, bald weniger, darunter auffallend viele vom

---

[1] Handschriftlich im Archiv zu St-Thomä, wo sich auch noch der ganze Schematismus
(wir würden es Regiebuch nennen) der Schul-Dramen *Heliodoros* und *Julius Cäsar* findet.
Verzeichniss der Aufführungen bei Strobel, *Hist. du Gymn.*, p. 123

Adel. Alle Länder Europas stellten ihr Contingent. Diese Frequenz stimmt mit der anderer Universitäten überein; es war meist nur den Wohlhabenden gegönnt, ihre Studien auf der Hohen Schule zu machen, und es fand sich auch im spätern Leben weniger Verwendung als heute für die Männer gelehrten Berufes.

Zu den Studenten kamen dann aber noch viele Ephori (Hofmeister), Lehrer, welche die Fürsten und Herren mitbrachten, und zahlreiche Dienerschaft, die häufig mit ihren Schutzbefohlenen oder Herren in die Matrikel eingetragen wurden, und welche unter academischer Gerichtsbarkeit standen, soweit es eine solche gab.

Wir haben schon oben gehört, dass die Eltern ihre Söhne der hier herrschenden Disciplin halber gerne nach Strassburg schickten. Ein Edict von 1560 meldet, dass der Academie «nicht der «geringsten löblichen Stück eins ist, die Disciplin und gute Zucht.» Doch dürfen wir das nur in bedingter Weise verstehen. Vielleicht war die Disciplin hier besser als anderwärts, weil die Universität keinen abgesonderten Gerichtsstand hatte, und weil der Magistrat, der die Zucht handhabte, weniger Rücksichten zu üben brauchte, als das Corpus academicum [1]; aber dieselben Auswüchse, die anderwärts die hohen Schulen verunstalteten, werden auch hier gefunden. Die Zeit, die Sitten der Bürgerschaft, der Jäger und der Landsknechte, wirkten mächtiger als die Edicte der Scholarchen. Der fahrende Schüler war nicht vollständig zu bewältigen. Zu jener Zeit der Umwälzung der Meinungen gab es eine Unsumme catilinarischer Existenzen, die sich auf die Universitäten warfen [2], und

---

[1] Vergl. Rob. v. Mohl, *Geschichtliche Nachweisungen über die Sitten und das Betragen der Tübinger Studirenden*, 2. A., Tüb., 1871.

[2] «Dieweil unter dem schein der Studiosorum auszgeloffener Mönchen, fahrende Schüler «und ander dergleichen geschmeiss herummber in der Stadt vagieren. Daneben.... als der «Religion wegen vertrieben mit allerhandt Scartecken, und wunderbarlichen erdichten «schreiben und briefen betriegen.» Edict von 1599.

theils wirkliches, theils erdichtetes Unglück als Mittel des Fort-
kommens benutzten.

Die Unsitte der *Deposition* und das Uebel des *Pennalismus* oder
des Nationalitätswesens herrschten auch hier, wie aus vielfachen
Edicten und Protokollen hervorgeht.

An sich ist nichts dagegen zu sagen, wenn in allerlei Symbolen
dem Schützen, der zum «Studenten progredirt», zu Gemüthe geführt wurde, dass mit diesem äusseren Vorrücken, auch ein innerer
Fortschritt verbunden sein müsse, und es wurde diese Sitte an
der Strassburger Schule von einem durch die Scholarchen und den
Rector aufgestellten «Depositor» gepflogen[1]. Später bildeten sich
aus den studentischen Gebräuchen, die neben dieser amtlichen Deposition einherliefen, eine Summe von Missbräuchen, unwürdigen
Scherzen und Gewaltthätigkeiten. Den Bacchanten wurde das Haar
verunstaltet, es ward auf freiem Platze an ihnen gehackt, gehobelt,
gebohrt, ihnen ein künstlich eingesetzter Zahn ausgeschlagen,
ndess man den Sitz unter den Füssen wegzog, alles um Rück-
stände des alten Wesens sinnbildlich zu vernichten[2].

Der Pennalismus war ein auf einem ungeschriebenen, aber streng
aufrecht erhaltenen Codex gegründetes rohes «Fuchsenwesen». Der
Student, der die Universität bezog, wurde der Sclave der Studenten
seiner «Nation», welche schon längere Zeit dort verweilt hatten.
In Kleidung und Haltung musste diese Dienstbarkeit zur Schau getragen werden, die, abgesehen von der Entwürdigung, auch sehr
kostbar war, denn man verlangte von dem «Pennal» glänzende
Gastereien, und einen stets offenen Beutel. Wehe dem, der sich
sträubte!

Die Kleider fordern immer neue Verfügungen. Sturm verzwei-

---

[1] Statutenbuch der Academie. Arch. zu St-Thomä.

[2] De origine..... depositionis. Erfurt, 1578. — Ritus depositionis. Argentorati, 1556; mit
20 Bildern.

felt fast, dass der Missbrauch abgestellt werden könne. «Sie brin-
«gens von den Eltern mit, ich weiss nicht, was thun,» — aber das
müsste nach seiner Meinung durch ein Mandat der Obrigkeit befohlen werden, «dass den Schneidern eine gewisse mas forgeschrie-
«ben wurde, darmit sie keine solche schantliche unzimliche lange
«hosen mehr machen durfften.»

«Dass die Studiosi mit ungeburlicher Kleidung und Gewähren
«daher ziehen,» wird verboten im Edict von 1580. Um einigermas-
sen die academischen Bürger beaufsichtigen zu können, sollen die
Bürger der Stadt, bei «Straff von dreissig Schilling,» keinen Studenten, «sei es, dass er von fremd herziehe, oder von einem andern
«Bürger komme, aufnehmen, es bringe denn einer einen Schein
«vom Rector, dass er immatriculirt sei [1].»

Keinem Studenten sollte «über einen halben Gulden geborgt,
«vertrawet, Wein oder anderes gegeben, zu Haus geschickt, oder
«in andere Weg auffgehenkt, und in die Register und Schuld-
«bücher gebracht werden [2].»

Das erste Duelledict datirt aus dem Jahr 1583 [3]. Der hartnäckige
Verletzer academischer Ordnung wurde relegirt; ein Empfehlungs-
brief bezeichnete den, «der freundschaftlichen Theilnahme der
«besten Männer für würdig,» der nach wohl zurückgelegten Studien
die Hochschule verliess.   .

---

[1] 13. Dez. 1575.

[2] 9. März 1600, oftmals rehovirt.

[3] Eingang zum Edict von 1651 : «Prima in hac urbe Lex contra provocatores. Ann. Chr.
«1583 lata (credimus quod antea quisque, sua sponte meliora sequens nullum Legi locum
«fecerat).»

Der dreissigjährige Krieg kam Zucht und Sitten nicht zu Statten. Der Lebenslauf manches Studenten endete damals in einer der Schwadronen des tollen Mansfeld oder Johanns von Werth, deren Gebräuchen sie schon auf der Hochschule Ehre zu machen gesucht hatten.

Die Deposition wurde bis zum Ende dieses Zeitraumes fortgeübt. Unter der Herrschaft der sanftern Sitten des achtzehnten Jahrhunderts verliessen viele der jungen Leute bei Austritt aus der zweiten Klasse lieber die Anstalt, als dass sie sich der seltsamen Ceremonie untergeordnet hätten. Die Akten der philosophischen Facultät [1] aus dem Jahr 1792 melden uns, dass «mit Einstimmung der Fa- «cultät, auf Antrag des Gymnasiums, der alte unnütze Brauch der « Deposition aufgehoben» wurde.

Gegen das Pennalwesen verbanden sich selbst die Gesammtheit der protestantischen Reichsstände. Auf dem Reichstage von 1654 vereinbarten sie sich, keinen auf ihren Universitäten aufzunehmen, der des « Nationalwesens» halber von einer andern entlassen worden sei.

Unablässig wird das Gebot wiederholt, dass die Studenten Mäntel tragen sollen. Die Studenten liebten es bei hereinbrechender Dämmerung sich des lästigen Kleidungsstückes zu entledigen. Wurden sie von den Schuldienern getroffen, so hatten sie verschiedene Ausreden: sie seien zur Abreise, zum Reiten gerüstet; etliche Studenten gingen in ihrer Kühnheit so weit, einen Spazierstock, oder selbst nur ein Stöckchen für einen genügenden Ersatz des Mantels zu halten, ja selbst dieses abzulegen, und zu Hause zurückzulas-

---

[1] Mandat v. 11. August 1631.

sen, um in die Vorlesungen und Kirchen, auf « Hochzeiten und Lei-
« chen » zu gehen [1].

Das Mandat gegen das Borgen an Studenten wird immer erneuert;
die Bürger sollen alle angeben, welche sich Studirens halber bei
ihnen in Wohnung und Kost befinden, nie mehr als zwölf auf einmal zur Kost annehmen, und « des Abends nach gelittener Nacht-
« glock keinen derselben ohne erhebliche ursachen auf die gassen
« lassen, sondern ihre häuser wohl verschlossen und bewahrt haben,
« damit dem nächtlichen umbschweiffen, grassiren, jauchzen,
« schreien, jehlen, aufspielen, balg- und rauffhändlen, auch sonsten
« ärgerlichen zusammenkunften und schädlichen unfügen so viel
« müglich gestewret werde. »

Die Duelledicte scheinen wenig genützt zu haben; ziemlich
rasch folgen sie auf einander, meist von Klagen begleitet, dass
wieder erheblich viel Zweikämpfe stattgefunden hätten. Im Edict
vom 21. Februar 1651, finden wir eine Betrachtung, dass nur ein
Duell nothwendig sei, das zwischen dem alten und neuen Menschen, zwischen Fleisch und Geist; eine Strafandrohung dagegen
wird vermisst.

Eine besondere Gerichtsbarkeit erhielt die Universität nie. Die
Stadt besoldete besondere Schuldiener, denen die academische Po-
lizei übertragen war. Jeder neuerwählte Ammeister wurde gebeten, die kleinern Streitfälle zwischen Studenten und Bürgern und
die Schuldsachen durch den Rector und Dekan entscheiden zu lassen, da die « Incarcerationes und thürnungen der studiosorum
« vast schmälich gehalten werden, undt wegen des gemeinen,

---

[1] Das Mandat vom 6. Juli 1662 sagt : *Studiosus sine Palliis, scipionibus solum, vel saltem
*bacillis quibusdam in manibus gestatis non modo noctu atque interdiu hinc inde per urbis
*vicos et plateas ambulare, sed etiam illis depositis, domique relictis auditoria docentium,
*disputantium ac perorantium Professorum ingredi, conciones adire sacras, nuptiarum acce-
*dere festivitates, funera defunctorum sequi aliisque publicis hominum congressibus se
aggregare.

«darbey verlauffenden zechens mehr den eltern irn seckel als den
«studiosis an Leyb zur straf gereichen [1].»

Unter den Misständen, gegen welche die Hochschule besonders gegen den Ausgang der Periode hin zu kämpfen hatte, wird
der mangelhafte Besuch der Collegien hervorgehoben. Die Reichen, die Fürsten, Prinzen und Edelleute zogen es vor, sich besondere Vorlesungen halten zu lassen, die Armen gaben Privatun-
terricht, und die öffentlichen Vorlesungen fanden, wie geklagt
wird, häufig vor leeren Bänken statt.

* * *

Sechzig Jahre von Gründung der vollständigen Universität an
gingen ohne bedeutenderes Ereigniss für dieselbe vorüber.
Die feste Stadt litt unter den Stürmen des dreissigjährigen Krie-
ges verhältnissmässig weniger als andere. Man hielt sie sogar für
eine Art von Asyl, und die Professoren von Tübingen entschlossen
sich zum Beispiel 1622, «dieser Zeit sonderbahrer Ursachen halben,
«etliche ordinierte Copias unterschidlicher Documenten, welche
«gemeine Universität Tübingen concernieren thun, an einem ver-
«trautten, sichern orth verwahrlich zu deponieren und behalten
«zu lassen,» und schickten dieselben nach Strassburg.

Im Dezember 1632 beging die Universität den Tod Gustav
Adolphs mit einem Traueracte[2]; das hundertjährige Jubiläum der
Universität wurde am 1. Mai 1667 gefeiert.

Mit dem westphälischen Frieden gab das unmächtige Reich die
Stadt an Frankreich preis; die Juristen der Reunionskammer und

[1] Anschreiben von 1636. Wiederholt alle 6 Jahr bis 1654; auch später werden viele ähn-
liche Schreiben gefunden.
[2] Berneggerl, *Laudatio funebris*, 10. Dez. 1632.

die Soldaten Louvois führten nur aus, was die französischen Diplomaten im Jahr 1648 schon in die Worte des Vertrages gelegt hatten.

Am 29. September 1681 kamen Abgesandte der Stadt auch zu Rector und Professoren, um sie zu ermahnen, zu bedenken, was unter den kritischen Umständen des Tages zu geschehen habe. Louvois stand in Illkirch, und hatte gedroht, wenn er keine genügende Antwort erhalte, die Bürger nicht blos als gewöhnliche Feinde, sondern als Rebellen zu behandeln, und die Stadt der Vernichtung Preis zu geben; würden aber die Bürger die angebotene königliche Gnade annehmen, so sollten ihnen ihre sämmtlichen, sowohl weltlichen als geistlichen Privilegien bestätigt werden[1].

Es gab für die vom Reiche längst verlassene Stadt nur Eines — die Unterwerfung.

Der vierte Artikel der Capitulationsurkunde sicherte zu, dass der König die Universität in dem Stand, wie sie sich gegenwärtig befinde, verbleiben lassen werde[2].

Sie verblieb deutsch und protestantisch, lebte, arbeitete fort und ergänzte sich wie bisher, in der ersten Zeit fast vollkommen unberührt von der politischen Umwälzung, die der kleine Staat erfahren hatte. Selbst die sogenannte «Alternative», jene durch Ludwig XIV, mit seinem Brief vom 5. April 1687, getroffene Einrichtung, dass alle Aemter und Stellen der Stadt von Katholiken

---

[1] Strobel, *Gesch. des Elsasses*, V, p. 130.

[2] «Es Wollen Ihre Majestät den Magistrat der Stadt bei jetzmaliger Regierungsform und «allen ihren Rechten, auch freier Wahl ihrer Stuben, als der Herren XIII, XV, XXI, Gross und «Kleinen Rath, Schöffen, Stadtbeamte und Cantzley, Kirchen-Konvent, Universität, sambt den «Doctoribus, Professoribus und Studiosis, von was stand und qualität sie seyen, das Gymna- «sium, die Zünfte und Handwerker alle in dem stand, wie sie sich gegenwärtig befinden, mit «der Jurisdiction sowohl in Civil, als peinlichen und Malefiz-sachen verbleiben lassen.» Accord, so in Nahmen, etc. Strassburg, Paulli (wahrscheinlich 1681).

und Lutheranern wechselweise besetzt werden sollten, fand auf
die Universität keine Anwendung[1].

Manche Misstände, welche zu beseitigen der Rath in früheren
Jahren wohl die Macht und den Willen gehabt hätte, während
jetzt durch die confessionelle Mischung, den Mangel an Selbstständigkeit, und den Zustand der Finanzen ein Eingreifen verhin-
dert wurde, machten den schwierigen Zustand einer Körperschaft
klar, die innerhalb eines fremden Staatswesens nur auf sich selbst
angewiesen war.

Die dreizehn Präbenden von St-Thomä bildeten den Gehalt von
Professoren der gleichen Anzahl. Dadurch wurde es schwer, die
mit Ausdehnung der Wissenschaften nöthigen weiteren Lehrstühle
zu besetzen. Die, welche nicht Canoniker waren, mussten sich
«gänzlich mit Lectionibus erhalten[2],» und in den Betrag von
1200 Livres theilen[3]. Wurde ein Lehrstuhl und eine Pfründe
frei, so machten diejenigen darauf Anspruch, die schon lange Zeit
hatten warten müssen, und so hatte man, um tüchtige junge Lehrer
an die Universität zu bekommen, kein anderes Mittel, als die
Anweisung auf ein vielleicht sehr in der Ferne liegendes Cano-
nicat.

Einer von den vier juristischen Lehrstühlen (zwei für Pandek-
ten, je einer für Institutionen und den Codex), ging am Ende des
siebenzehnten Jahrhunderts ein, und wurde erst nach der Mitte des
achtzehnten Jahrhunderts wieder eingerichtet. Im Jahr 1761, in
welchem sechs Exspectanten des Canonicats vorhanden waren, traf
man Anstalt, die Anzahl der Professoren auf vierzehn zu beschränken, je drei der Theologie, Medicin und Jurisprudenz, und fünf

[1] Hermann, *Notices*, etc., I, p. 92.
[2] Protocoll v. 1671. Archiv v. St-Thomä.
[3] Antwort auf die Anfrage des königlichen Prätors Baron d'Autigny an den «Receveur» der Universität von 1769.

der Philosophie. Eine der vierzehn Pensionen sollten vom Magistrat getragen werden.

Durch den Geist kluger Initiative, der das gemeine Wesen Strassburgs immer auszeichnete, durch glückliche Berufungen und Einrichtungen, besonders im Gebiete derjenigen Wissenschaften, die damals emporkamen, und einen modern-exakten Charakter trugen, der Geschichte, der Staatswissenschaft, der Medizin, gelang es, trotz allem, der Universität ihren Namen zu sichern, ja ihr sogar für die Bildung des ganzen Jahrhunderts eine ungewöhnliche Bedeutung zu geben.

Im Jahr 1738 gründete die Universität die erste theoretische und praktische Schule für Geburtshülfe, aus der die berühmtesten Accoucheure Deutschlands, Hollands, der Schweiz und des Nordens hervorgingen[1].

Unter den Vortheilen, welche die Universität Strassburgs im achtzehnten Jahrhundert bot, wird ausser dieser Schule noch angeführt, die Gebäranstalt, ein botanischer Garten, ein Cabinet für Naturgeschichte[2]. Die Büchersammlungen, deren Grundstock aus der Zeit der Reformation und der Schenkung Jacobs Sturm herrührte, wurden besonders durch Schöpflin, der seine überaus reiche und kostbare Bibliothek durch ein Testament von 1765 der Stadt vermachte, vermehrt. Lehrer der neuern Sprachen wurden angestellt[3]. 1754 wurde eine Reitschule angelegt, für jene Zeit eines der «unfehl-«barsten Mittel»[4], vornehme und reiche Studirende anzuziehen;

[1] M. Koch, *Discours sur l'ancienne gloire littéraire de la ville de Strasbourg*, Strasb., 1809, p. 21 ff.

[2] M. Koch, *Discours*.

[3] 1763 wird ein Professor honorarius der englischen Sprache genannt.

[4] «Le magistrat crut avec raison, qu'un tel Institut serait un des *moyens les plus infail-*«*libles* d'attirer ceux d'entre les étrangers que leur état engage à des dépenses considérables, «et d'augmenter par là même le bien-être des citoyens.» Haffner, *De l'éducation littéraire* 1792.

1773 finden wir eine Sternwarte, und 1780 wurde in förmlicher
Weise ein Lehrstuhl für das Staatsrecht [1] errichtet, das schon seit
1760 eine besondere Pflege gefunden hatte [2].

Johann Daniel Schöpflin, der Historiker, und *Christoph
Wilhelm Koch*, der Staatsrechtslehrer, sind es vor allem, die
man nennt, wenn man von dem Glanze der Strassburger Schule
des achtzehnten Jahrhundertes spricht.

Die Stelle aus *Wahrheit und Dichtung*, in welcher Göthe den
berühmten Lehrer, Diplomaten, und Verfasser der *Alsatia illustrata* schildert, ist Allen bekannt; wir fügen hier nur die Worte
ein, welche die Bedeutung des Mannes für die Jünglinge der Hochschule characterisirt: «Auch ohne nähere Berührung — schreibt
«Göthe — hatte derselbe bedeutend auf mich eingewirkt, denn
«vorzügliche, mitlebende Männer sind den grösseren Sternen zu
«vergleichen, nach denen, so lange sie nur über dem Horizont ste«hen, unser Auge sich wendet, und sich gestärkt und gebildet
«fühlt, wenn es ihm vergönnt ist, solche Vollkommenheiten in
«sich aufzunehmen.»

Am 22. November 1770 konnte Schöpflin die Feier einer fünfzigjährigen Lehrthätigkeit an der Hochschule zu Strassburg begehen; nur dem ersten Rector Johann Sturm war das Gleiche
begegnet.

War Schöpflin auf dem rechten Rheinufer, im Badischen geboren, ein Adoptivkind des Elsass, so war Koch, aus Strassburg, einer
der «Sterne» erster Grösse, den die Elsässer mit Stolz als den ihrigen bezeichnen dürfen. Aus der Stadtbibliothek Strassburgs wurde
er auf den Lehrstuhl der Staatswissenschaft berufen, um den er

---

[1] *Description du Bas-Rhin*, 1871.

[2] An der juristischen Fakultät wurde ausserdem gelesen Criminal-, Lehen- und canonisches
Recht, sodann gemeines deutsches Recht; französisches Recht hatte bis zum Untergang der
Universität keinen Lehrstuhl.

eine Reihe der künftigen Staatsmänner Deutschlands und Frankreichs versammelte. Handelte es sich in den verschiedenen Ländern von Europa, in Deutschland, Frankreich, Dänemark, Schweden, Russland darum, geeignete Männer für die diplomatischen Geschäfte, für den Unterricht, oder die Erziehung des Adels zu finden, so wählte man mit Vorliebe unter der Jugend, die aus der Schule von Strassburg hervorgegangen war [1].

Auch Göthe, dessen eigenhändigen Eintrag in die General-Matrikel wir im Facsimile mittheilen [2], war in Gefahr hier in die staatsrechtliche Laufbahn und damit nach Frankreich hinübergeführt zu werden. Koch und Oberlin dachten ihn für Geschichte, Staatsrecht, Redekunst, «erst nur im Vorübergehn, dann aber «entschiedener» zu erwerben [3]. Wir sagten «in Gefahr», denn Versailles mit seiner deutschen Kanzlei, deren hohe Würden man in der Ferne zeigte, wäre für Göthe wohl nie ein Weimar geworden.

Von dem Jahr 1740 an drang französische Sprache und Sitte in die bis dahin ausschliesslich deutsche Stadt, von den Salons und Bureaus in die Kreise der Bürger, und zugleich begann die katholische Einwohnerschaft sich mehr zusammenzufassen, und in ihrer Bedeutung zu fühlen. Das Jahr 1770 wird uns als dasjenige bezeichnet, in dem sich der Sieg allmälig auf die französische Seite zu neigen begann [4].

In dieser Uebergangszeit bis 1789 fängt man in Paris an, sich ernstlicher mit der Universität zu beschäftigen. Der Prätor, ein königlicher Commissär, mit ausgedehnten Befugnissen, zieht die Austheilung der Canonicate, die Besetzung der Stellen, die Gesuche

---

[1] Koch, *Discours*.

[2] Matricula generalis, von 1622 bis 1802, im Archiv zu St-Thomä.

[3] Göthe: *Aus meinem Leben*. Wahrheit und Dichtung, 3. Theil.

[4] Louis Spach, *Œuvres choisies*, t, III. Strasbourg, 1867, p. 421. La ville et l'Université de Strasbourg en 1770.

der Professoren und die Institute der Universität in den Kreis seiner Behandlung [1]. Die Errichtung einer königlichen Academio der Wissenschaften und schönen Künste, welche man im Jahr 1768 plante, hatte neben der Pflege von Gebieten, welche auf der Universität weniger berücksichtigt wurden, auch offenbar den Zweck, das Uebergewicht der Universität zu mindern, und dem Prätor ein neues Feld des Einflusses zu schaffen, denn dieser sollte der immerwährende Präsident der Academie sein [2]. Man fordert Berichte über die Einkünfte, Ausgaben und Zusammensetzung der Universität [3].

Diese erkannte mit dem feinem Gefühle des Erhaltungstriebes, welche Tendenzen sich hinter dieser intensiven Beschäftigung verbargen [4]. In der Antwort [5] auf die Anfrage des Prätors d'Autigny, werden wir in sehr bezeichneter Weise über Gesinnungen, Befürchtungen und Angriffe von damals belehrt.

[1] Originale und Copien eines lebhaften Schriftenwechsels zwischen Prätor und Convent, im Stadtarchive.

[2] M. le Préteur royal sera président perpétuel de cette Académie. Il nommera tous les ans un vice-président. Entwurf der Statuten. Archiv zu St-Thomä.

[3] Anfrage des Prätors Baron d'Autigny von 1769. Copie im Archiv zu St-Thomä.

[4] Ein an sich nicht sehr bedeutender Vorfall zeigt, wie die königliche Regierung mit dem Besitzthum der Stadt und der Universität umsprang, wenn er ihr dienlich schien. Haffner erzählt die Anecdote in seinem Buch De l'éducation littéraire. Man weiss, welch grosse Stücke auf die Reitschule gehalten worden. Die Stadt hatte den Grund erworben, und auf die Gebäude 10,000 Livres gewandt. Da hatte im Jahr 1754 der Marquis De Voyer, Director der Beschälstationen, die Idee, dieselben von dem Lande in die Stadt zu übertragen. Es handelte sich, wie man sagte, nur darum, die Hengste zum Dienste der Reitschule bereit zu stellen; aber das war nichts als ein Vorwand um sich des Terrains und der Gebäude zu bemächtigen. Der Magistrat, der die Inconvenienzen voraussah, widerstrebte so sehr als möglich. Die Regierung verpflichtete sich in den bestimmtesten Ausdrücken eine gut ausgestattete Schule zu unterhalten; — wie gut sie war, das zeigte sich, als bald die Pferde, bald die Stallmeister fehlten, welche fähig waren, die Reitkunst nach den in Deutschland und den Ländern des Nordens adoptirten Prinzipien zu lehren. «Das trieb,» bemerkt Haffner, «viel junge vornehme Herren von Strassburg hinweg.»

[5] Handschriftlich im Archiv zu St-Thomä.

« Die Universität,» sagt das Memorandum, sei « von dem
«Magistrat gegründet und gestiftet, mit deutschen kaiserlichen
«Privilegien ausgestattet, die Ertheilung der Grade und Würden
«habe bis auf den heutigen Tag vollkommene Kraft.

«Ebenso sei sie bei ihren Rechten und Privilegien vom Könige
«von Frankreich gelassen und darinnen bestätigt worden.

«Hieraus ergäben sich zwei Folgerungen : erstens, dass gedachte
«Universität von dem Magistrat in Ansehung ihrer Verfassung ab-
«hange,... und zweitens, dass gedachte Universitas sowohl in An-
«sehung ihrer eigenen Verfassung als auch sonderlich in Absicht
«auf andere berühmte Universitäten in Deutschland, als eine
«*teutsche* und *protestantische* muss angesehen werden. Wesswe-
«gen dann auch die hiesige protestantische Universität mit den fran-
«zösischen Universitäten in keiner Gemeinschaft, oder wie man es
«zu nennen pflegt, *Confraternitet* steht; es auch ferner als ein gro-
«ses politisches Versehen und eine der Zierde und dem bisherigen
«Ruhm der hiesigen Universität, wie auch dem bono publico höchst
«nachtheilige Sache anzusehen wäre, wann entweder durch Verord-
«nung der Obern, oder das Beginnen der Lehrer die bishero beach-
«tete Methode zu lehren, welche aller Orten Beifall gefunden und
«ihre nothwendige Früchten hervorgebracht hat, nach und nach
«sollte verändert, und nach dem Geschmack der französischen Uni-
«versität sollte eingerichtet werden. »

Zwei Fälle seien bekannt, wo man « wegen der mangelnden
«Confraternität und wegen der protestantischen Religion, Licen-
«tiaten so sich theils bei dem Parlament zu Paris, theils bei dem
«zu Dijon zur Reception in Ordinem Advocatorum gemeldet,
«Anstände bereitet» habe.

«Es ist aber in beiden Fällen der Streit nach eingezogener Nach-
«richt und ertheiltem Unterricht von der hiesigen Verfassung, in
«unserer und erwehnter Licenciaten favor ausgeschlagen und ent-
«schieden worden.»

Seit dem Mai 1751 taucht die Frage der sogenannten «Alternative» wieder auf, und ihr Erscheinen entfesselte den confessionellen Hader aufs Neue [1].

Die Geschichte der alten Reichsstädte, die sich im sechzehnten Jahrhundert der Reformation zugewandt und später einen grösseren Bruchtheil katholischer Bevölkerung in ihre Mauern erhalten haben, zeigt das übereinstimmende Merkmal, dass nichts in gleicher Weise die Leidenschaften erregt, als eine confessionelle Frage, und dass fast jede politische Frage sich über Nacht in eine confessionnelle verwandelt. In ungemein verschärfter Weise war dies in dem Strassburg des achtzehnten Jahrhunderts der Fall, wo der politische Kampf zugleich ein Kampf der Nationalitäten wurde [2].

In ihrer Eingabe vom 6. Mai 1751, sagen «le Préteur, Consuls «et Magistrats catholiques de la ville de Strasbourg,» sie hätten sich längst an die Lutheraner gewendet, um die Alternative an der Universität zu erhalten, jedoch umsonst. Sie berufen sich auf das Patent des Königs von 1687, auf den Geist der Capitulation, und verlangen vor allem Antheil an den Canonicaten von St-Thomä. Die Protestanten bekämpfen diese Gründe mit dem Wortlaut des Artikels IV des Accords von 1681, und beziehen sich auf Protocolle der Sitzung der «Einundzwanziger» vom Jahr 1717 und 1721, aus denen hervorgehe, dass der verstorbene Prätor Klinglin, der die Ordres des Königs kannte, und von seinen Absichten unterrichtet war, in öffentlicher Sitzung die Ansicht ausgesprochen habe, dass die Aemter und Würden der Universität den Gliedern der Kirche augsburgischen Bekenntnisses vorbehalten sei, und aus denen man weiter lerne, dass die katholischen Mitglieder des Magistrats nie-

---

[1] Ein Fascikel mit den Akten über den Streit von 1751, im Stadtarchiv.

[2] Spach, a. a. O., p. 426.

[3] «Et conformément à son suffrage, les membres catholiques du Magistrat n'ont jamais «hésité de suivre son avis unanimement.»

mals Bedenken getragen hätten, dieser Anschauung des Prätors zu folgen.

Die «Alternative», deren Ausdehnung auf die Universität, — wie jede unparteiische Betrachtung bekennen wird, — ein direkter Bruch der Capitulation gewesen wäre, kam nie zur Einführung; in indirekter Weise geschah den Privilegien mancher Abbruch. Eine confessionelle Hochschule hat nicht die Sympathien der Jetztlebenden. Wir sollen aber die Verhältnisse von damals wohl mit den Augen von heute ansehen, jedoch nicht nach den Anschauungen von heute beurtheilen. An der Universität Strassburg bewährte sich das Wort Rankes von den Ideen : «Der Moment ihres «Hervortretens beherrscht ihr Dasein auf immer ; so leben sie fort, «wie sie zum Leben gelangen.» Einem jeden der Lehrer war ein Stück des Erbes der Väter anvertraut. Mit ängstlicher Treue wachten sie über ihre Privilegien.

Der unzweifelhafte Sinn derselben ist unter Anderm auch der, dass keiner andern hohen Schule in derselben Stadt das Recht zur Verleihung academischer Grade ertheilt werden kann. Das mochte unter Umständen, wie sie in Strassburg herrschten, Unbequemlichkeiten mit sich führen, aber dennoch muss es als ein offenbarer Bruch der geschlossenen Verträge und des königlichen Wortes bezeichnet werden, wenn der philosophischen Facultät der katholischen Academie zu Strassburg das Recht ertheilt wurde, Doctores utriusque juris zu creiren.

Der Administrator des Bisthums Strassburg, Leopold von Oesterreich, hatte nämlich im Jahr 1617, kraft einer Bulle des Papstes Paul V, bestätigt durch Kaiser Matthias, eine Academie, das Jesuitencollegium in Molsheim, mit den zwei Facultäten der freien Künste und der Theologie, ins Leben gerufen. Ludwig XIV gründete 1685 in der Stadt, ebenfalls ein Jesuitencolleg, jedoch niederer Ordnung, und übertrug die hohe Schule von Molsheim nach Strassburg. Durch das Unionsdekret des Cardinals von Fürstemberg

wurde aus dem bischöflichen Seminar und jenen beiden Anstalten
eine Academie, die nachmals in den Jahrzehnten vor der Revolution
eine geachtete Rivalin der älteren Schule wurde, welche sich der
Bedeutung eines Jean-Jean, eines Grandidier nicht verschliessen
konnte. «Die natürliche Folge der Einrichtungen Fürstembergs
«und Ludwig XIV, ja der durch den König in dem Akt, welcher die
«Uebertragung befahl, angegebene Zweck, war eine noch festere
«Einfügung der Universität in die protestantische Kirche Strass-
«burgs, und demgemäss ein ausgesprochener, confessioneller
«Character der ersten [1],» ohne dass es übrigens den Angehörigen
anderer Confessionen versagt gewesen wäre, sich immatriculiren
zu lassen und die Grade zu erwerben [2].

Als die Forderung betreffs der Alternative an der protestantischen Universität abgeschlagen war, verlangten die katholischen
Magistratspersonen die Errichtung einer besonderen katholischen
Professur für das kanonische Recht. Graf d'Argenson, der französische Minister, erkannte das Ungeeignete des Begehrens an; die
Professoren der Universität erklärten, man erläutere das kanonische Recht im Sinne der kanonischen Bestimmungen, wie
man das römische Recht im Sinne der römischen Constitutio-
nen erkläre, obwohl sich diese in manchen Principien vom heutigen Recht unterschieden; sie riefen die Zeugnisse der Studenten
und Professoren an; sie sagten, wenn ein Katholik bei einem lutherischen Professor das kanonische Recht nicht hören wolle, solle
er in die Vorlesungen der katholischen Academie gehen, die
lutherische Universität werde ihm dann die Grade verleihen. Kaum
hatte sich die Erregung der Gemüther hierüber gelegt, so gab es
neuen Anlass zum Unfrieden. Cardinal Rohan erbat sich Patente zu

[1] *Notice sur les Fondations adm. p. l. Sém prot. de Strasbourg.* 1854.
[2] Hermann, *Notice,* etc., l, p. 92.

Gunsten der katholischen Universität und man wusste alsobald [1],
dass der Cardinal einen Lehrstuhl des kanonischen Rechtes errichtet habe, und nun für seine philosophische Facultät die Befugniss
erwirken wollte, den Grad eines Doctors der Rechte zu verleihen.
Unterm 24. Mai 1776 wurde das königliche Patent gewährt[2].

* * *

Wir erzählen diese Kämpfe und Zwistigkeiten, weil sie auch in
einer Skizze der Geschichte der Universität nicht vermisst werden
dürfen; mit grösserer Freude vergegenwärtigen wir uns in Zahlen
und Namen die ungewöhnliche Bedeutung dieser hohen Schule
für die Bildung der civilisirten Nationen.

Das Merkwürdige, ja Einzigartige liegt darin, dass, während
meist ein grösserer Staat, oder die Vereinigung kleinerer, die Gründung einer hohen Schule unternimmt, und diese durch Berufungen aus allen Ländern im Stand erhält, die Stadt Strassburg, und
in dieser wiederum nur ein Theil der Familien, aus sich selbst
die Anstalt ergänzt, ihr fortwährende Berühmtheit sichert, und sie
einige Jahrzehnte hiedurch selbst an die Spitze der Hochschulen
des alten deutschen Reiches stellt.

In der Zeit der Vorbereitung und Gründung der Academie, und
während des Bestehens derselben, von 1538-1621, zählt man
unter den ungefähr 112 Professoren 36 Strassburger; 8 sind El-

---

[1] *Observations sur les Universités catholiques et luthériennes à Strasbourg.* Dieselben
datiren vom 18. Mai 1768 und sind an die französischen Minister gerichtet. Archiv zu
St. Thomä.

[2] Lettres-patentes du roi, concernant l'Université épiscopale de Strasbourg et portant
création de la Faculté du droit canonique en icelle. Donnes, à Versailles, le 24 mai 1776.

sässer, 37 Deutsche, 18 Ausländer, 13 ungenannter Abstammung; in der Zeit von 1621 bis zur Revolution, finden wir 105 Kinder Strassburgs unter der Gesammtzahl der 129 Professoren, und zwar unter den 30 Theologen, 24 Strassburger; unter 26 Juristen 18 Strassburger; unter den 22 Medizinern, 21 Strassburger; unter den 11 Professoren der Beredsamkeit, 8 Strassburger; unter den 11 Lehrern der Logik und Metaphysik, 9 Strassburger, während Mathematik und Physik, jene durch 8, diese durch 9 Professoren von Strassburg allein vertreten werden.

. Versuchen wir einen Ueberblick über die Lehrer der Schule von ihrem Beginne an zu geben, und nennen auch nur die hervorragenden unter ihnen, so ist es doch unmöglich mehr zu geben, als ein Verzeichniss der Namen.

Der erste der Zeit und der Bedeutung nach, ist Johann Sturm, der würdige Vollender des Werkes an dem die Hände Bucer's, Calvin's, Capito's, Hedio's, eines Paulus Fagius und Petrus Martyr gearbeitet hatten, sammt seinen Gegnern, den *Theologen* Marbach und Pappus, und deren Collegen, Zanchi, B. Dorsch, Bebelius. — Fröreisen, Danhauer, und Sebastian Schmidt wirkten an der Universität des siebenzehnten Jahrhunderts, und aus dem achtzehnten Jahrhundert leben die Namen Reuchlin, Blessig, Haffner, Männer deren wissenschaftliche Freisinnigkeit von einer nachhaltigen Wärme praktischer Religiösität durchdrungen war, noch heute in der lebendigen Erinnerung der Strassburger Bürger.

Unter den *Philologen* und den Professoren der *Beredsamkeit* nennen wir, ausser Sturm, den Johann Sapidus, Othmarus Luscinius, Theophilus Golius, und Conrad Lycosthenes, welche unter den Erneuerern der klassischen Studien immer einen hervorragenden Rang einnehmen werden. Im folgenden Jahrhundert zeichnen sich aus Melchior Junius, Caspar Brulovius, Johann Paul Crusius, Johann Scheffer, der nachmalige Professor der Universität Upsala, und später Balthasar Scheidt, der gelehrte Kenner des Talmud;

im achtzehnten Jahrhundert, Heinrich Lederlin, und vor allen der spätere Dekan der Faculté des lettres, Johann Schweighäuser.

Unter den *Juristen* ist Wendelin Büttelbronn der erste, der die alten Commentare des römischen Rechts an der hohen Schule erklärte, welche die Vorläuferin der Academie war. Der französische Emigrant, Dionysius Godofredus, zierte am Ausgang des sechzehnten Jahrhunderts den Lehrstuhl der Rechte. Von den spätern nennen wir Ulrich Obrecht, und Meyer, den Verfasser des heute noch werth gehaltenen *Collegium argentoratense*. Im achtzehnten Jahrhundert, werden Schertz und Silberrad hervorgehoben, und als Gelehrter ersten Ranges, der Professor des Staatsrechts, Christoph Wilhelm Koch.

Unter den *Medizinern* der Academie wird Havenreuter und Spach, unter denen der Universität, die Sebitz, Vater, Sohn und Enkel, die Familie Bœcler, dann Thomas Lauth und Jacob Reinbold Spielmann genannt.

Die *Physik* behandelte mit grossem Erfolge J. Franz Ehrmann (gest. 1789).

Die Reihe berühmter *Mathematiker* beginnt Dasypodius, der Erklärer des Euclid; beim Uebergang zur Universität, wirkte Isaac Hämmerlein, und, im achtzehnten Jahrhundert, Brackenhoffer und Arbogast.

Die *Geschichtswissenschaft* ist bis 1631 vertreten durch Michael Beuther, den Fortsetzer der Geschichte des Sleidan, und später durch Matthias Bernegger aus Hallstadt, der sich vorzüglich mit der Verfassung Strassburg's beschäftigte, Ulrich Obrecht, von dem Zeitalter Ludwig XIV als eine «epitome omnium scientiarum» bewundert, Kaspar Kuhn, von Saarbrük, seinen grössern Schüler Johann Daniel Schöpflin, und dessen Schüler Lorentz.

Die *Philosophie*, früher ebenso wie Geschichte meist mit andern Fächern verbunden, fand am Ende der alten Universität eine ausgezeichnete Vertretung durch Jeremias Jacob Oberlin.

Die Stadt, in der Mitte Europa's, an der grossen Verkehrsstrasse zwischen Deutschland, Frankreich, dem Niederrhein und der Schweiz mit Italien gelegen, war ein natürlicher Sammelpunkt der Fremden. Dazu kam die Milde des Klima's, die Schönheit des Landes, die reichsstädtische, selbstbewusste und liebenswürdige Art der Bevölkerung; das alles führte, neben der Berühmtheit der Lehrer, die Studirenden aus allen Ländern herbei.

Für die ärmern derselben unter den Theologen, sorgten Freistellen im Stifte zu St-Wilhelm, für Juristen und Mediziner, reiche Legate, wie zum Beispiel das Schenkbecher'sche [1]. Die Schüler machten den Lehrern Ehre. Die meisten der spätern Zierden der Hochschule wuchsen, wie das schon hervorgehoben ist, an ihr selbst herauf. Aus dem siebenzehnten Jahrhundert erinnern wir an Jacob Spener von Rappoltsweiler, das Mittelglied zwischen Luther und Schleiermacher; Schöpflin ist hier gebildet. Göthe empfing die wirksamsten Anregungen für das Leben. Die Salzmann'sche Tischgesellschaft von 1770, welcher Göthe, Herder, Jung-Stilling angehörten, ist aus der Schilderung des Grössten derselben bekannt.

Zu allen Zeiten hatte die Universität besondere Anziehungskraft für die Söhne reicher und vornehmer Familien gehabt. Schon unter Sturm war die Schule, so zu sagen, eine Ritteracademie; er zählt einmal [2] an zweihundert Fürsten, Grafen und Herren. In der «Matricula serenissimorum et illustrissimorum» vermissen wir fast keine der adeligen Familien des weiland deutschen Reiches [3].

---

[1] *Notices sur les fondations adm. par le Sém. prot. de Strasbourg.*

[2] Sturm, *Præfatio ad Golii Onomasticon*. 1578.

[3] Des Interesses wegen, das heute Alles erregt, was auf die alten Beziehungen Strassburgs zu Deutschland hindeutet, setzen wir einige dieser Namen hieher: Die Matrikel wird eröffnet von *Christianus Ernestus Marchio Brandenburgensis* (1657). Dann finden wir: Die Grafen von Hohenlohe und Gleichen, Herren von Langenburg und Cranigfeld, 1686, 1713, 1722 u. a. 1714: Grafen Fürstenberg, 1715. Schenk v. Stauffenberg, Wollwarth, Welser, 1717. Comes

Besonders in der zweiten Hälfte des achtzehnten Jahrhunderts sammeln sich diejenigen um die juristischen Lehrstühle, die sich später den öffentlichen Geschäften widmen wollten. Es mochte dies, ausser dem Rufe Koch's, auch die Methode bewirken, die Salzmann dem jungen Studenten Göthe schildert, wenn er sagt : «dass es sich in Strassburg nicht eben wie auf deutschen Acade- «mien verhalte, wo man wohl Juristen im weiten und gelehrten «Sinne zu bilden suche. Hier sei Alles, dem Verhältnisse gegen «Frankreich gemäss, eigentlich auf das praktische gerichtet, und «nach dem Sinne der Franzosen eingeleitet, welche gern bei dem «Gegebenen verharren. Gewisse allgemeine Grundsätze, gewisse «Vorkenntnisse suche man einem Jeden beizubringen; man fasse «sich so kurz wie möglich und überliefere nur das Nothwendigste.»

Von den in der Geschichte genannten Staatsmännern, die öster- reichische und deutsche Geschicke lenkten, studirten hier Cobentzl, Montgelas und Clemens Metternich. Der Herzog von Choiseul schickte mehrere Eleven der königlichen Militärschule von Paris nach Strassburg, um hier Staatsrecht zu hören [1]. Von bekannten Franzosen, nennt E. Koch [2] den Grafen de Ségur, «gleicherweise hervorragend in den Wissenschaften und der «Diplomatie,» Destutt de Tracy, der den *Esprit des lois* von

---

de Nesselrode, 1719. Damianus Emericus de Metternich, 1720. Comes de Solms, J. B. Dux Saxoniæ, Princeps hæreditarius Coburgo-Meiningensis. Von 1722 an : Grafen von Wartenberg, Wied, Sayn-Wittgenstein, Reichlin Meldegg, Prinzen von Hessen, Schwarzburg-Rudolstadt, Graf Giech, Thumb von Neuburg, Derlichingen, Uxküll; von 1757 ab : Detlev Carolus Comes ab Einsiedel, von Beust, Graf Thurn u. Taxis. 1763: Franz Joseph Karl, Fürst von Hohenlohe- Schillingsfürst, die deutschen Liv- und Curländer Reinholdus Wilhelmus de Liphart und de Behr; B. Hornstein de Biningen, eques suevus, Fridericus Ludovicus liber Baro de Stein, Nassoviensis, Stolberg, und 1767 am 23 Nov.: *Adam Maria Liber Baro de Roggenbach, Brontrutanus.*

[1] M. Koch, *Discours*.

[2] M. Koch, *Ibid.*

Montesquieu commentirte, Gérard de Rayneval, Baron de Bourgoing, Baron Bignon, welche sich alle drei unter dem ersten Kaiserreich in den öffentlichen Geschäften auszeichneten, und Pfeffel, den Dichter der herzigen deutschen Idyllen.

In den Jahren 1785-1787 zählte man unter den «jungen Leuten «von Stand» 17 Deutsche, 16 Franzosen, 23 Engländer und Schotten, 3 Italiener, 11 Dänen und Schweden, 5 Curländer und Polen, 44 Russen und Livländer, im ganzen 125.

Cheruel, der letzte Rector der französischen Academie in Strassburg hielt im Jahr 1866 eine Rede zur Erinnerung an das dreihundertjährige Geburtsjahr der Academie [1].

Er theilte die Geschichte derselben ohne inneren Grund in die zwei Perioden, von 1566 bis 1681, und von 1681 bis 1792. Die zweite Epoche ist ihm die wahrhaft «brillante» und der französische Einfluss ist es, der diesen Glanz bewirkte.

Die lebhafte Anregung, die aus dem Aufeinanderwirken der beiden Nationalitäten entspringt, verkennen wir nicht, aber diese Berührung war bei einer so exclusiven Corporation, wie es die deutsche und protestantische Universität Strassburg war, zu gering um daraus den «Aufschwung» zu erklären, «den die Universität im «achtzehnten Jahrhundert nahm [2].» Dem officiellen Frankreich, seiner Regierung, seinen Prätoren verdankt die Universität Strassburg nichts als Eingriffe, Hemmnisse, und Beraubungen. Selbst Cheruel geht über diesen Punkt mit beredtem Schweigen hinweg.

Wenn man, wie es geschieht, das was einerseits die allgemeine Erweiterung der Wissenschaften, anderseits die erstaunliche Kraft und Tüchtigkeit eines isolirten Gemeinwesens bewirkte, auf Rechnung Frankreichs setzt, so gleicht man dem, der am Abend einer

[1] Séance annuelle de rentrée des Facultés. 1866.

[2] L'influence des grands écrivains de notre pays, leurs relations fréquentes, au dix-huitième siècle, avec les professeurs de Strasbourg, expliquent l'essor que prit alors notre Université.

4

warmen Frühlingsnacht einen wohlgepflegten Garten in Besitz nimmt, und wenn er morgens vom Schlaf erwacht, und Alles in Blüthen findet, behaupten will, er sei es, der die Blüthen hervorgezaubert habe.

DIE REVOLUTION.

Wenn der Professor und Student des Jahres 1790 in die Vorlesung ging, traf er eines Tages «am schwarzen Brett» eine Einladung [1] zu der Geburts- und Namenstagfeier des Königs Ludwig XVI, deren Ton bedeutend von der conventionellen Art unterschieden war, in der diese Schriftstücke abgefasst zu sein pflegten. «Die «frommen Wünsche — heisst es — welche das fromme Strass-«burg für das Heil seiner Könige jährlich im Heiligthum der Musen «durch einen öffentlichen academischen Lehrer darbringen lässt, «sind nie aus aufrichtigerem, nie von jedem Verdacht der Schmei-«chelei freierem Herzen dargebracht worden, als heute, wo der «ganze Erdkreis über die in unserm Vaterlande vollzogene Umwäl-«zung vor Bewunderung starr ist.» Nicht den siegreichen Fortschritt der Waffen gelte es zu feiern, sondern dass die Bürger durch das Band der Bruderschaft verbunden, das Vaterland gerettet, die Menschenrechte und die Gleichheit erworben, die Gewissen den Banden entrissen, der Uebermuth und die Willkühr der Grossen gebrochen, die Freiheit, Gesetze und Sitten, die das Schlechte vertilgen würden, gewonnen seien; es gelte dem reichen, milden, gerechten König, der den Stolz verabscheue, der lieber wolle, dass die Bürger um das Wohl des Reiches sorgen, als dass

---

[1] Bibl. Ueltz, n° 2317.

er herrsche ; die rheinische Metropole begehe diese Feier, welche, wie sie mit dem übrigen Königreich auf das innigste verbunden sei, so durch keine Verschiedenheit der Privat-Rechte und der Regierungsweise von ihm mehr getrennt werde !

Welch ungeheure Umwälzungen mussten vorgegangen sein, wenn der Rector der Universität Strassburg, aus dessen Händen sonst nie die Privilegien und die Urkunde von 1681 verschwanden, es preisend hervorheben konnte, dass alle Verschiedenheit der Privat-Rechte, alle Privilegien verschwunden seien.

Mit allemannischer Zähigkeit warfen sich die Elsässer und die alten Familien von Strassburg anfangs gegen den Strom der Revolution, der später befruchtend wirkte, jetzt aber alle Kräfte der Zerstörung in sich vereinigte, und mit dem Veralteten auch alles Gute der alten Einrichtungen vernichtete. — In der Begeisterung der Nacht des 4. August 1789 bewahrten die Abgeordneten Strassburgs eine kühle Besonnenheit ; die Stadt Strassburg, — sagen sie in ihrer schriftlichen Erklärung, — «wünscht ihre von «dem Regiment der Provinz abgesonderte Verfassung beizube-«halten.» Ein Jahr später war dieser Wunsch, in dem auch die Erhaltung der Universität eingeschlossen war, schon als reactionäres Stichwort erklärt, und ein vergebliches Beginnen war es, wenn Rector und Senat durch den Ausdruck der Begeisterung für die Errungenschaften die hohe Schule zu bewahren suchten.

Die Ereignisse hatten ihr ohnedies schon einen fast tödtlichen Stoss versetzt. Von 1788 auf 1790 verlassen die meisten Studirenden Strassburg ; die Zahl derselben sinkt von 182 auf 73 [1].

Die grösste Gefahr für jetzt und später, welche in dem Gesetz über den Verkauf der Nationalgüter lag, wurde glücklich durch ein

		Illustrium.	Studiosorum.	Chirurgorum.	Summa.
[1] Auszug aus der Matrikel :	1788	16	132	34	182
— —	1790	2	53	18	73

Decret der Versammlung von Versailles vom 1. Dezember 1790 beseitigt. Die Güter der Protestanten im Elsass wurden von dem Verkaufe ausgenommen [1], und eine allgemeine Verfügung vom 26. September 1791 bestimmt, dass alle dem Unterrichte und der Erziehung gewidmeten Anstalten in der nämlichen Weise wie bisher fortbestehen sollen [2].

Freilich waren durch das Gesetz über die Abschaffung aller Privilegien der einzelnen Culte auch die Privilegien der Universität getroffen, und in Versailles, wie in Strassburg selbst, verbreitet sich eine äusserst abschätzige Meinung über die Lehreinrichtungen der alten Zeit [3].

Ein lebhafter Austausch von Briefen und Denkschriften wurde gepflogen zwischen der academischen Körperschaft in Strassburg, und den beiden Professoren Wilhelm Koch und Arbogast, welche Mitglieder der Nationalversammlung von Versailles geworden waren. Eine *Note sur l'état de l'Université* [4], welche an Koch nach Paris geschickt wurde, weisst die Vortheile nach, welche die hohe Schule den Studenten geboten, und welche die Stadt aus derselben gezogen habe; die Studenten fänden hier Vorlesungen in

---

[1] Decret v. 1. Dez. 1790, sanctionnirt 10. Dez.:

«Ces biens possédés actuellement par les établissements des Protestants des deux Confes-«sions d'Augsbourg et helvétique, habitants de la ci-devant province d'Alsace et des terres de «Blàmont, Clémont, Héricourt et Chatelet, sont exceptés de la vente des biens nationaux et «continueront d'être administrés comme par le passé.»

[2] Décret du lundi 26 sept. 1791:

«L'Assemblée nationale décrète que tous les établissements d'instruction et d'éducation «existans à présent dans le Royaume, continueront d'exister sous le régime actuel et suivant «les mêmes lois qui les régissent.»

[3] «Il semble que l'on a conçu, en général, une opinion si désavantageuse de ces anciens «établissements, que la plupart des écrivains ont cru, qu'il ne valoit pas seulement la peine «d'en faire quelque mention.» Haffner, in der Vorrede zu *De l'éducation littéraire* ou *Essai sur l'organisation d'un établissement pour les hautes sciences.* Strasb., 1792.

[4] Handschriftlich im Archiv zu St-Thomä.

den drei Sprachen, lateinisch, deutsch und französisch, was anderwärts nicht gefunden werde; dafür blieben sie aber auch fast immer mehrere Jahre in Strassburg, und der Aufwand, den sie machten, betrage jährlich bis zu einer Million Livres.

Alle diese Vorstellungen verfingen bei den Machthabern in Paris nicht, und die Gründe dafür sind heute klar.

Aus der Haltung der elsässischen Provinzialstände, und der Abgeordneten zur Nationalversammlung, hatte man erkannt, dass der Geist dieser Provinzen der hastigen Nivellirungsarbeit der französischen Theoretiker widerspreche. Man wusste an der Seine auch, dass die Universität vorzugsweise die Pflegerin dieses Geistes sei, und so vereinigte sich mit der Abneigung gegen jede Art von Privilegien die Tendenz die Strassburgischen Schulen französisch zu machen; ein *National-Lyceum* sollte an die Stelle der städtischen Universität treten.

Die Professoren merkten nicht, welch unversöhnlichem nationalen Gegensatze sie sich hier gegenüber befanden. Mit treuherziger Naivetät hoben sie in ihren Berichten und Denkschriften gerade den unterscheidenden deutschen Charakter der Hochschule hervor, den man jenseits der Vogesen hasste, und der Vernichtung bestimmt hatte. Der Ausschuss des academischen Convents, der die Antwort zu berathen hatte, welche man dem «Comité de l'Instruction publique» in Paris ertheilen wollte, war getheilter Meinung. Die einen beantworteten die Frage, ob die Universität zu erhalten sei, mit «Nein», die andern mit «Ja». Die letztern bringen ausser andern Gründen auch den, dass man die jungen Strassburger nicht aus Deutschland ausschliessen solle. «Wir sollen sie,» — heisst es in dem Berichte vom 20. April 1792, der Für und Wider erörtert, — «nicht durch die Demolition unserer Universität in den Fall setzen, entweder nie in Deutschland befördert werden zu können, oder in die Nothwendigkeit künftighin

«ausser ihrem Vaterlande das je erlernen zu müssen, um die Grade
«zu erhalten, die ihnen seit Jahrhunderten an ihrem Geburtsorte
«offen stunden.»
Haffner protestirt in seinem Gutachten[1], das am 26.
April von
Couvier an Koch überbracht wurde, in der nachdrücklichsten
Weise dagegen, dass man die Strassburger Universität mit den
wissenschaftlichen Anstalten im Innern Frankreichs auf eine Stufe
stelle[2]; er spricht den Verdacht aus, dass in der Republik der
Wissenschaften, wie in der politischen Verwaltung, die nämliche
Uniformität herrschen solle[3], er hebt hervor, dass diese Universität ihre Bedeutung verliere, wenn sie ihren unterscheidenden
Charakter verliere[4]; ja er wagt selbst zu sagen was sie sein müsse:
«Eine deutsche Universität, liegend an der Grenze Frankreichs,
«bestimmt durch ihre Lage zu einem Sammelpunkte wissenschaft-
«licher Schätze der beiden erleuchteten Nationen.» Ueberdies würden die Strassburger, der Sprache wegen, niemals mit den Franzosen an den Anstalten des Königsreichs concurriren können, und
es würde eine ungleiche Partei sein, wenn jene ohne Unterschied
herüberkommen könnten, um die Lehrstühle zu erwerben; anstatt
Franzosen zu berufen, die keine Kenntnisse der fremden Literatur

---

[1] Erweitert im Druck herausgegeben unter dem Titel : *De l'éducation littéraire*, etc.

[2] Il faut bien se garder de confondre l'Université de Strasbourg avec la plupart de ses sœurs aînées, établies dans l'intérieur de la France. Haffner, p. 328.

[3] «On semble vouloir que dans la république des lettres, comme dans le gouvernement politique, il règne la même uniformité.» Haffner, p. 335.

[4] Il est donc évident, que plus le nouveau Lycée de Strasbourg aura une organisation parfaitement semblable à celle des autres instituts littéraires, plus ses professeurs pourront être choisis indistinctement entre tous les gens de lettres du royaume, moins on croira nécessaire d'avoir aucun égard à ceux qui possèdent également la littérature étrangère ; plus aussi cet établissement pour les hautes sciences, ne présentant qu'une simple répétition des autres, perdra l'intérêt et le caractère distinctif que devait et que peut si facilement lui donner son local. Haffner, p. 335.

hätten, wäre es praktischer, deutsche Gelehrte von anerkanntem Ruf zu gewinnen [1].

Das Alles brachte in Paris die entgegengesetzte Wirkung hervor. Am 6. Mai berufen sich die Administratoren von St-Thomas auf das Decret der Assemblée vom 17. August 1790, das den Gliedern der Augsburgischen Confession die Bezahlung ihrer Pfarrer und Lehrer garantirt, und auf das oben genannte Decret vom 1. Dezember desselben Jahres. Auf die Vorstellungen Kochs, dass die fremden Studirenden nicht mehr kommen würden, da sie die Grade nicht mehr erwerben könnten, gibt man die Antwort, die vom Hohne nicht weit entfernt ist, sie könnten sich die Grade am Lyceum holen [2]; ja selbst die Zutheilung dieser Anstalt stand in Frage, Nancy bewarb sich darum; im August war sie zwar endgültig der Stadt zugewiesen, aber damit war auch die Aufhebung der Universität im Princip entschieden; Koch selbst gibt den Rath, sich auf ein theologisches Seminar zu beschränken [3].

Die Universität hatte während dieser Verhandlungen thatsächlich aufgehört zu arbeiten; die Einschreibungen in die Facultäts-Matrikel versiegen allmälig, wenn auch die General-Matrikel allen Stürmen trotzt, und, allerdings mit sehr wenigen Namen, bis zum Jahre 1802 fortgesetzt wird [4].

---

[1] Au lieu d'y appeler des regnicoles qui n'auroient aucune connoissance de la littérature étrangère, il faudroit s'attacher plutôt à y attirer quelques-uns des savans allemans, dont la réputation est déjà bien établie. La célébrité de l'Université égaleroit depuis longtemps celle de Göttingue, si elle avait eu assez de moyens pour doter les chaires et pour en créer de nouvelles. Plus son organisation ressemblera à celle des établissements littéraires de l'Allemagne, plus aussi les étrangers viendront y affluer. Haffner, a. a. 0.

[2] Brief dat. Paris, 12. Mai. Archiv St-ThomA.

[3] Brief dat. Paris, 26. August. a. a. 0.

[4] Am 3. Germinal (23. März) 1794 finden wir nebeneinander zwei der wackersten Söhne Strassburg's, beide als elsässiche Dichter bekannt: »Daniel Ehrenfried Stöber, Argentinensis; Georgius Daniel Arnoldt, Argentinensis.«

Die zahme Revolution war unterdess von der wilden verschlungen worden. Man rief dem Volke zu: «Bürger, die Revolution ist «in Strassburg noch nicht vollendet, es muss noch eine daselbst «geschehen'.» Der Convent sandte zur Durchführung dieses Gedankens im Januar 1793 seine Commissäre; der Munizipalrath, in dem auch Schweighäuser sass, wurde entsetzt, vorgeschrittene Jacobiner an die Spitze der Stadt gestellt, der Schrecken organisirt. Im Herbste drangen von der Weissenburger Linie her die Alliirten ins Land, und während sie Strassburg bedrohten, erschienen die Volksrepräsentanten St-Just und Lebas in der Stadt, den Moderantismus der Elsässer und «deutschen Jacobiner» zu bekämpfen, und durch die heilige Propaganda «die wahren «Grundsätze der Revolution» zu predigen.

In den Akten der theologischen Facultät vom Jahr 1793, befindet sich folgender Eintrag: «Rectore Lauth, Dec. Theol. Blessig. «Den 11. April wurde nach Gewohnheit die Jakober'sche Rech-«nung coram Facultate abgelegt.» (Am Rande: «Terror»!)

«—! Nun folgt die lange, düstere Schreckensperiode, die Blut-«trauer der Vernunft, der Sitten, der Religion und der Wissen-«schaften. Noch ehe alle übrigen Geistlichen eingekerkert wurden, «waren es schon die drei Professoren der Theologie: Weber, Bles-«sig und Haffner. Diese beiden letzteren hatten wenigstens den «Trost dasselbe Gefängniss zu theilen. —»

Seit der Errichtung des Centralaufsichtsausschusses und des Revolutionsgerichtes im October 1793, häuften sich die Gefangenen. Die Professoren wurden in die Räume des bischöflichen Seminars abgeführt; zu den Theologen gesellten sich allmälig, im Herbst 1793 und Anfangs 1794, Koch, Braun, Reisseissen und

---

¹ *Blaues Buch* (Sammlung authentischer Belegschriften zur Revolutionsgeschichte von Strassburg, anonym (nach Quérard, von A. Ulrich), Theil II, S. 169.

Lorentz[1]; Schweighäuser wurde zwanzig Stunden ausserhalb der Grenze verbannt, und bald hier, bald dort internirt; Oberlin, mit den Gliedern der Departemental-Administration in die Gefängnisse von Metz abgeführt[2]. Das war das Ende der alten Universität Strassburg. Auch ihre Güter hatte man nicht vergessen. Kaum waren St-Just und Lebas in der Stadt angekommen, als die Clubisten in einer Adresse die Aufmerksamkeit der Volksrepräsentanten auf die Einkünfte der Thomas-Stiftungen wendeten.

Als von der Nationalversammlung beschlossen war, «dass alles «überflüssige Silberzeug der exorbitanten Kriegskosten wegen in «die Münze wandere,» hatten die noch in Freiheit befindlichen Vertreter der Universität, das Silber derselben der Mairie übersandt. Es war Sitte gewesen, dass die Fürsten und Herren bei ihrem Abgange der Hohen Schule ein kostbares Geschenk, meist einen Pokal in künstlicher Arbeit, verehrten. Sie finden sich alle nebst andern Dingen in dem Verzeichnisse der abgelieferten Gegenstände[3]. Die beiden Scepter, das eine von 1567, das andere von 1621, waren wahrscheinlich vergessen worden[4]. Der Maire Monet, dem nichts entging, verlangt sie am 11. November; Tags darauf werden sie

[1] In der von dem *Blauen Buch* mitgetheilten Verbannungsliste vom 17. October 1793, heisst es:
«Koch, Exdeputirter — ein Verräther.»
Im Verzeichniss der «Aristokraten und Fanatiker», vom 30. Mai 1794, a. a. O., I, p. 66:
«Reisseissen, Professor des Staatsrechtes, Aristokrat;
«Herrenschneider, öffentlicher Lehrer in der Mathematik, ein grosser Feuillant und «Patrizier.»

[2] Strobel, *Gesch. d. Els.*, VI, p. 257.

[3] Das Verzeichniss beginnt: «N. 1. Ein doppelter Pokal mit dem Wappen von Brandenburg. «N. 2. Ein anderer doppelter Pokal mit dem emaillirten Brandenburgischen Wappen und der «Umschrift: «Hans Georg, Markgraf zu Brandenburg, 1589».

[4] Eine Beschreibung gibt das Rectorats-Programm vom 12. Mai 1771. Bibl. Heitz, 2316, Stück 60.

abgeliefert. Die Siegel der Universität, obwohl von Silber, blieben erhalten.

Jener Angriff auf die Fundationen der Universität blieb nicht der einzige. Die von den Clubisten drohende Gefahr wurde indess durch den Volksrepräsentanten Rühl abgewendet[1].

Die Gründe des Hasses zeigt uns in unverhüllter Weise ein Protocoll der öffentlichen Sitzung[2] des Gemeinderaths vom 10. Prairial des Jahres II (29. Mai 1794), in welcher, unter dem Vorsitz Monets, über die Universität und ihre Einkünfte verhandelt wurde.

Ein Mitglied sagte: «Welche Anstrengungen wir auch schon «gemacht haben, um den Particulargeist (*l'esprit de localité*) «eines Theils der Bewohner dieser Commune, welche dem Reste «Frankreichs fremd geblieben sind, zu zerstören, dennoch war es «unmöglich alle Missbräuche abzustellen, um welche sich die Fö-«deralisten und Antirevolutionäre sammeln. Strassburg, seit zu «kurzer Zeit mit Frankreich vereinigt, hat sich mehr betrachtet als «beladen mit einem durch die Gewalt der Waffen auferlegten «Joch, denn als integrirenden Bestandtheil eines Staates,.... es war «mit einem Worte ein aristokratisches Gemeinwesen, das mit «Frankreich verbündet war, keineswegs aber einen Theil des «Reiches bildete[3].»

Nach Aufzählung der antirevolutionären Menschen, welche dies Gemeinwesen noch beherberge, kommt die Reihe an ihre Privilegien und Institute. Da ist vor allem: «Die Universität, die noch «nicht nationalisirt ist, die der Stadt eigends gehört, die ihr durch

---

[1] Strobel, *Gesch. d. Els.*, VI, p. 258.

[2] Extrait des registres du Corps municipal de la Commune de Strasbourg. Séance publique du 10 Prairial l'an second de la République française une et indivisible. Gedruckt in-4.

[3] C'était, avec un mot, un gouvernement aristocratique allié de la France, et non pas une portion de l'empire. a. a. O.

«die Verträge garantirt ist; sie ist es, die in den Augen der Repu-
«blik das erstaunliche Schauspiel der Servilität und des Deutsch-
«thums in einem französischen und freien Lande bildet [1].»

«Ich schlage Ihnen desshalb vor zu beschliessen und zu erklären,
«— heisst es nach einer sophistischen Motivirung, — dass wir
«unveränderlich der National-Convention zustimmend, alle An-
«strengungen machen werden, um die *Hyder des Deutschthums*
«und alle Einrichtungen, welche ihm noch sein Bestehen sichern,
«zu vernichten [2], dass in Folge dieser Principien und in Aus-
«führung des Gesetzes vom 24. August 1792 (alten Styls), die Güter
«der Universität dieser Stadt, wie Nationalgüter unter die unmit-
«telbare Aufsicht der Verwaltung des Districts werden gestellt
«werden.»

Die Hyder des deutschen Wesens also war es, die erwürgt
werden sollte, als man die Professoren in die Gefängnisse schickte
und die Hörsääle schloss.

---

[1] Présente aux yeux de la République le spectacle étonnant de la servilité et du germanisme dans un pays français et libre.

[2] «1° Qu'invariablement unis à la Convention nationale, nous ferons tous nos efforts pour
«détruire l'hydre du germanisme et toutes les institutions qui lui assurent encore une exis-
«tence; qu'en conséquence de ces principes et en exécution de la loi du 24 août 1793 (vieux
«style), les biens de l'université de cette ville seront mis, comme biens nationaux, sous la
«surveillance immédiate de l'administration du district.»

«Allmälig kehrte man zur Besonnenheit wieder zurück, und, «Dank sei es der göttlichen Vorsehung! die zerstörenden Kräfte «wichen (1796) den erhaltenden: Es sammelten sich wieder die «Christen in den Tempeln und hie und da einige Studiosi in unsern «Wohnzimmern.....» So endet jene Aufzeichnung in den Protokollen der theologischen Facultät, die wir schon oben einmal angeführt haben. Diese Studenten waren es auch höchst wahrscheinlich, welche sich in die General-Matrikel einschrieben, und dadurch, wenn auch in noch so dürftiger Weise, den Schein einer Fortdauer der Universität aufrecht erhielten.

Trümmer der medizinischen Facultät waren stehen geblieben. Die Revolutionskriege machten Aerzte für die Armeen nothwendig; am 14. Frimaire an III (4 Dez. 1794) wurde eine der drei medizinisch-chirurgischen Specialschulen in Strassburg errichtet.

Der erste Consul nahm die Wiederordnung der kirchlichen Verhältnisse in seine Hand. Das Gesetz vom 8. Germinal an X (8. April 1802), und die organischen Artikel vom 30. Floreal XI (30. Mai 1802), sind bestimmend für die protestantischen Kirchen und ihre Einrichtungen. Artikel 2 dieses constituirenden Dekrets bestimmt, dass die Stiftungen der Academie, des Gymnasiums, der Bibliothek, der Freiplätze, ferner die Bibliothek und die Gebäude der alten Academie, der protestantischen Academie in Strassburg zugetheilt sein sollen [1]. Diese, deren Namen später bei Errichtung der kaiserlichen Academie, im Jahre 1808, in «Séminaire protestant [2]» umgeändert wurde, ist somit die Erbin der alten Universität, deren Siegel und Akten sie uns bewahrt, soweit letztere nicht in den Unordnungen der Revolutionsjahre zu Grunde gingen.

[1] «Que les fondations de l'Académie, du Gymnase, des Bourses, Bibliothèque et bâtiments «de l'ancienne Académie seront affectées à cette Académie.»
[2] *Description du dép. du Bas-Rhin*, 1871, p. 106.

Die protestantische Academie wurde dem Directorium augsburgischer Confession in Strassburg untergeordnet ; am 15. Brumaire
XII (7. Nov. 1803), wurde sie feierlich eröffnet. Durch die Ankündigung der Eröffnung geht der Ton der verhaltenen Klage über den
Untergang alten Glanzes. Als Professoren dieser Academie wurden
dieselben ernannt, welche einst an der Universität gelehrt, und
aus den Gefängnissen und der Verbannung sich wieder an der
Stätte ihres früheren Wirkens gesammelt hatten. Im Verlauf der
Zeit sollte die Anzahl der Lehrer auf zehn ordentliche Professoren
reducirt werden.

Die Lectüre der Griechen und Römer, die Philosophie und
Geschichte sollte die Vorbereitung zu den eigentlichen theologischen Wissenschaften bilden. Die Namen der Professoren und
ihrer Vorlesungen im Jahr XII sind :

Jeremias Jacob Oberlin : Ovid, Horaz.
Johannes Schweighäuser : Platonische˙ Dialoge, Odyssee, he-
    bräisch, arabisch.
Christoph Wilhelm Koch: Historicas disciplinas, quam primum
    per publicas functiones licebit, studiosæ juventuti tradet.
Joh. Franciscus Hermann: Philosophie.
Ludovicus Herrenschneider: Einleitung in die Philosophie, Meta-
    physik, Mathematik.
Thomas Lauth : Fundamenta Anthropologiæ.
Joh. Daniel Reisseissen : Praktische Philosophie.
Georg Friedrich Weber: Dogmen- und Kirchengeschichte.
Joh. Laurentius Blessig: Homiletik und Hermeneutik.
Isaac Haffner: Exegese.
Joh. Daniel Braun: Kirchenrecht.
Joh. Jacob Spielmann : «Tuendæ sanitatis principia, in usum
    theologorum docebit.»

Das Gesetz vom 2. Germinal XII ordnet die Reorganisation der
Rechtsschulen an, und ein Dekret aus demselben Jahre nennt die

Stadt Strassburg unter der Zahl der zwölf Städte des Kaiserreiches, die eine solche erhalten sollen. Am 1. Juni 1806 begann die Facultät zu Strassburg ihre Vorlesungen mit 37 Eleven.

Die Entstehung der medizinischen Schule aus der Nothwendigkeit der unablässigen Kriege heraus, ist schon berührt.

Den medizinischen Facultäten in Paris, Montpellier und Strassburg, sollte nach dem Gesetz vom 11. Germinal XI, je eine «Ecole spéciale de Pharmacie» angefügt werden. Die Anfangs-Geschichte der Pharmacie-Schule in Strassburg ist die Aufzählung wiederholter Dekrete, ohne dass die nothwendigsten Vorbedingungen, Gebäude, Einrichtungen, Professoren, Studenten, vorhanden gewesen wären.

Alle Massnahmen im höheren Unterrichtswesen, welche wir, soweit sie Strassburg betreffen, berichtet haben, waren die Vorbereitungen zu jener Einrichtung, die von «grandioser Concep-«tion, wohl den Stempel des Genies, aber nicht den der Freiheit «trägt[1],» — zur napoleonischen *Université.*

Wir müssen, wenn wir hievon reden, vollständig von jenem Begriffe uns trennen, welchen man in Deutschland mit dem Namen Universität zu verbinden pflegt. Die kaiserliche Universität ist ein grosser Verwaltungskörper mit dem Centrum in Paris, dessen Theile zugleich die Unterthanen sind, wie Hände und Füsse Unterthanen des Gehirns, das die Muskelthätigkeit regiert; sie ist, nach dem Ausdrucke eines Franzosen, «das Gouvernement selbst, angewendet «auf die Gesammtdirection des öffentlichen Unterrichts,» und Karl Schützenberger nennt sie in seiner ausgezeichneten Brochüre, welche der Krieg leider zu wenig bekannt werden liess, «eine gi-«gantische Administration des öffentlichen Unterrichtes, welche

---

[1] *De la réforme de l'enseignement supérieur et des libertés universitaires,* par Charles Schützenberger, professeur de clinique médicale à la Faculté de médecine de Strasbourg. Strasb., 1870, p. 89.

«die Unterrichtsanstalten aller Grade verschlingt, und mit dem « nämlichen Augenblick ihre Autonomie zerstört [1].» ·

Nach Art. 4 des Organisationsdecrets vom 17. März 1808, soll die kaiserliche Universität aus eben soviel Academien zusammengesetzt sein, als es Appelhöfe gibt. Strassburg erhielt eine Academie. Die Special-Schulen der Rechto und der Medicin wurden in Facultäten umgewandelt. Die Pharmacie-Schule und das protestantische Seminar blieben, die Faculté des sciences [2] und die Faculté des lettres [3] traten hinzu; die definitive Organisation dauerte bis zum Jahr 1810 und war vollständig erst dann abgeschlossen, als im Jahre 1818 mit den vorhandenen Professoren eine theologische Facultät gegründet wurde, deren vier Stühle sich später auf sechs erhöhten, während die Mittel des protestantischen Seminars dazu dienen sollten, die Lücken der Facultät zu ergänzen.

Ehren-Rector der neuen Academie wurde Wilhelm Koch. Derselbe hatte, seit er die Stadtbibliothek verlassen, einen der bewegtesten Lebensläufe durchschritten; nun war ihm gegönnt in der Stille eines Ehrenamtes seine letzten Tage zu verleben. Ausser ihm waren von alten Lehrern der städtischen Hochschule an der kaiserlichen Academie noch Schweighäuser, der erste Dekan der Faculté des lettres, Herrenschneider, Lehrer der Physik an der Faculté des sciences, und Thomas Lauth, welcher in der medizinischen Facultät Anatomie vortrug.

Die Frequenz der Academie in den letzten Jahren ihres Bestehens, sollen uns die Zahlen aus dem Jahre 1866 lehren. Damals waren eingeschriebene Studenten: in der theologischen Facultät

---

[1] C. Schützenberger: *De la réforme de l'enseignement supérieur.*

[2] Als die Facultät definitiv errichtet wurde, setzte sie sich zusammen aus einem Professor der angewandten Mathematik, der reinen Mathematik, der Experimental-Physik, der Chemie, der Naturgeschichte.

[3] An der Faculté des lettres wurde gelesen: griechische Literatur, lateinische Literatur, französische Literatur, Philosophie, Geschichte.

48 Eleven, in der juristischen 117, in der medizinischen 511, und
in der Pharmacieschule 64, im Ganzen 740. Unter den Medizinern
werden jedoch nach der Analogie anderer Jahre 300 Eleven der
Schule für militärische Medizin abzuziehen sein, welche nur im
uneigentlichen Sinne zur medizinischen Facultät zu rechnen
waren Die Faculté des sciences et des lettres hatte im angeführten
Jahre nur sogenannte «Auditeurs bénévoles».

Eine Kritik der Academie und ihrer Leistungen wäre hier nicht
am Platze. Die französische Anstalt zählte ausser den schon Genannten, immer einzelne Gelehrte, deren Bedeutung in Deutschland rückhaltslos und freudig anerkannt worden ist; im Ganzen
und Grossen litt aber auch sie unter der entnervenden Einwirkung
der Centralisation.

Wir begnügen uns, zwei Aussprüche einander gegenüber zu
stellen:

Cheruel hebt es in seinem «Discours» von 1866 rühmend hervor: «Die Academie von 1808 war nicht mehr, wie die alte Uni-
«versität, eine kleine Republik. Eingefügt in die Universität Frank-
«reichs, trat sie ein in dieses grosse System der Einheit, welche
«die Stärke und Grösse unseres Vaterlandes ist.»

Das Urtheil eines Elsässers aber, der französisches und
deutsches Universitätswesen in allen Einzelheiten kennt und
verglichen hat, lautet [1] : «In der Centralisation der Verwaltung,
«das heisst, in dem unzählbaren Räderwerk aus dem sich dieser
«unbeholfene und ermüdende Mechanismus zusammensetzt, in
«den Hindernissen jeder Art, die er dem ganzen Leben, jeder wis-
«senschaftlichen und intellectuellen Regsamkeit bereitet, darinnen
«suche und finde man die Ursache dieser Verkümmerung, dieser
«Erschlaffung des höhern Unterrichtes in Frankreich.»

[1] C. Schützenberger, *De la réforme*, etc. p. 56.

Zu Seite 29.